KB274170

일하는 여자 38세
진짜 재미있는 인생이 시작된다

HATARAKU HITO! 38SAI MADE NI SHITEOKUBEKI KOTO
© MAYUMI ARIKAWA 2009

Originally published in Japan in 2009 by ASUKA PUBLISHING INC.,
Korean translation rights arranged through TOHAN CORPORATION, TOKYO
and BC Agency, SEOUL

일하는 여자 38세

진짜 재미있는 인생이 시작된다

일하는 여자!
38세까지
반드시
해두어야 할 일!

아리카와 마유미 | 이서연 옮김

김영사

일하는 여자 38세 진짜 재미있는 인생이 시작된다

저자_ 아리카와 마유미
역자_ 이서연

1판 1쇄 발행_ 2010. 1. 15.
1판 3쇄 발행_ 2010. 6. 11.

발행처_ 김영사
발행인_ 박은주

등록번호_ 제406-2003-036호
등록일자_ 1979. 5. 17.

경기도 파주시 교하읍 문발리 출판단지 515-1 우편번호 413-756
마케팅부 031)955-3100, 편집부 031)955-3250, 팩시밀리 031)955-3111

이 책의 한국어판 저작권은 BC에이전시와 TOHAN에이전시를 통한
저작권자와의 독점 계약으로 김영사에 있습니다.
저작권법에 의해 한국 내에서 보호를 받는 저작물이므로 무단 전재와 무단 복제를 금합니다.

값은 표지에 있습니다.
ISBN 978-89-349-3691-6   03320

독자의견 전화_ 031)955-3200
홈페이지_ http://www.gimmyoung.com
이메일_ bestbook@gimmyoung.com

좋은 독자가 좋은 책을 만듭니다.
김영사는 독자 여러분의 의견에 항상 귀 기울이고 있습니다.

38세,

인생 최고의 순간을 만끽하기 위해

당신은 오늘 무엇을 하는가?

프롤로그
일하는 여자는
38세부터가 진짜 재미있다

일하는 여자의 전성기는 언제일까. 나는 38세라고 생각한다. 내가 프리랜서로 성공 가도를 달리기 시작한 나이도 38세였다. 38세까지 충실한 경험을 쌓았다면 그 이후의 인생은 자유롭게 개척할 수 있다는 사실을 실감했다.

이 책에는 '세상이 원하는 단 한 명의 여자'가 되기 위한 과정이 담겨 있다.

38세 이하의 여성은 이 과정을 차곡차곡 밟으며 자신의 토대를 마련하기 바란다. 그렇게 하면 38세 이후 더욱 매력적인 여성이 되고 자신이 원하는 대로 인생을 즐기며 살아갈 수 있을 것이다.

38세 이상의 여성이라면 이 책에서 소개하는 항목들을 하나하나 살펴보면서 자신을 객관적으로 되돌아보는 계기로 삼기 바란다.

'열심히 일하는 여자'가 방황하고 고민하면서 자신의 길을 걸어가고 있다. 활기차게 걷고 있는가 싶더니 장애물에 맞닥뜨려 멈춰서거나, 막다른 골목에서 빠져나오지 못하거나, 황량한 초원에서 어디로 가야 할지 몰라 헤매고 있다.

20대는 오로지 전진하는 시기다. 하지만 문득문득 '지금 내가 잘하고 있는 걸까?'라는 생각이 들 것이다. 주위의 친구와 후배들이 어려운 관문을 통과했다며 만족스런 표정을 지으며 하나 둘 결혼을 결정짓는 모습을 곁눈질하며 말할 수 없는 조바심과 불안을 느끼기도 하고, 주변을 둘러보며 이직이라도 해야 하는 게 아닌가 하는 심한 압박감을 느끼기도 한다.

30세 무렵이 되면 '지금 내가 잘하고 있는 걸까?'라는 의문은 곧 터질 것 같은 풍선처럼 부풀어 오른다. 허둥지둥 자격증을 따거나 독립을 하거나 해외 유학을 가거나 결혼을 하거나 하는 이유가 여기 있다.

하지만 30세를 넘기고 나면 사회적인 분위기를 통해 더 이상 '젊음'으로 용인될 수 없다는 사실을 몸소 깨닫게 된다. 각오를 새로이 다지고 '일하는 여자'로서의 가치를 찾아내고자 다시금 나아가기 시작한다.

위기를 극복한 30대 여성들은 정말로 강인하다. 하지만 여전히 앞길이 막막하다. 나도 그랬다. '앞으로 난 어떻게 될까?'라는 자문을 반복하며 불안감으로 가득한 나날을 보냈다.

결혼할까.

아이를 낳을까.

계속 독신으로 살까.

직장을 바꿀까.

다른 곳으로 이사를 할까.

짙은 안개 속을 손으로 더듬으며 조심스럽게 한 발을 내딛듯 불안 그 자체였다. 미래상 같은 건 그릴 엄두도 내지 못했다.

게다가 시대도 불안했다. 불황으로 인한 도산과 인원 감축, 비정규직 고용, 독신 가구의 증가가 이어졌다. 이처럼 일찍이 없었던 불안정한 시대는 지금도 진행 중이다.

선택의 폭은 넓고 앞은 보이지 않는다. 망설이거나 고민할 일도 많다. 대체 어떻게 살아가면 좋을까. 어떻게 경력을 쌓아야 할까. 불안 속에서 가까스로 찾아낸 답은 너무나도 간단했다.

세상의 상황은 변한다. 미래는 모른다. 그러므로 '어떤 시대에도 살아남을 수 있는 사람'이 되어야 한다.

　세상이 필요로 하는 능력을 제공할 수 있는 사람이 되어야 한다는 뜻이다. '삶의 방식을 자유롭게 선택할 수 있는 사람'이 되어야 한다는 의미이기도 하다.

　사회가 원하지 않는다면 "제발 절 고용해주세요"라고 매달린들 아무런 소용이 없다. 고작해야 상대의 터무니없는 요구에 따르거나 현재 자신을 고용해준 사람을 붙잡고 늘어져야 한다. 하지만 사회가 필요로 하는 능력을 가진 사람이 되면 일하는 장소나 일하는 방식을 스스로 선택할 수 있다. 회사원으로서 경력을 쌓아도 되고 전업주부로서 살림을 해도 되고 천천히 오래도록 일을 해도 된다. 나이가 들면서 기분이 변하거나 일하는 속도가 달라질 수도 있지만 이 역시 문제가 되지 않는다.

　중요한 것은 '자신이 원하는 대로 자신만의 인생을 살아가는 것'이다. 자유로운 선택을 하기 위해서라도 반드시 사회가 원하는 사람이 되어야 한다.

　자기 자신 이외에는 어느 누구도 지나치게 믿어서는 안 된다는 사실을 당신은 알고 있을 것이다. 요즘 같은 시대에 특별한 경우를 제외하고는 회사에 의지하거나 배우자에게 의존해 사는 것은 참으로 위험한 삶의 방식이다. 스스로 돈을 벌 능력이 없다면 자유를 포기해야 한다. 저금이나 보험도 평생을 보장해주지는 못한다.

또한 사회는 누구나 다 하는 '일이나 하는 여자'에게 의외로 차갑다는 사실을 알아야 한다.

40대가 되면 더 이상 다른 사람에게 응석을 부리거나 우는 소리를 할 수 없다. 오히려 가족이나 동료를 비롯한 여러 사람들에게 도움을 주어야 하는 입장이다. 결국 자신의 능력으로 살아갈 수밖에 없다.

그렇기 때문에 38세까지 반드시 누구나 믿고 따르는 사람이 되어야 한다.

자신의 기준을 가지고 스스로 정한 방향으로 나아가는 사람, 사회인으로서 기초가 마련되어 있는 사람, 일에 관한 지식과 경험을 쌓은 사람, 신뢰로 맺어진 주위 사람들과 함께 곤경을 뛰어넘을 수 있는 사람…… 그런 사람이 된다면 세상에 무서울 것이 없지 않을까?

여성의 평균수명은 이미 80세를 넘었다. 40세는 인생의 정중앙이다. 그때까지 일하는 기술과 생존 능력을 익혀둔다면 인생의 후반은 진정으로 즐거워진다. 게다가 지혜가 쌓인 만큼 영향력이 커지므로 '받는 사람'에서 '주는 사람'이 된다.

38세까지는 자신을 정확히 알고 자신만의 인생을 살아가기 위한 준비 기간이다. 만반의 준비를 한 후 38세부터 사계절이 두 번

돌아오는 2년 동안 궤도 수정과 준비 운동을 하면 40세부터는 새로운 자신으로서 본격적인 출발을 할 수 있을 것이다.

불황이라고 해도 현대는 매우 간단한 시대다. 연줄이나 권력, 의리, 정으로 장사가 되는 시대가 아니다. 좋은 것은 팔리지만 그렇지 않은 것은 팔리지 않는다. 헐값으로나 팔아야 한다. 그렇기에 기업이 정성을 다해 가치 있는 상품을 만들어내는 것이다. 건전한 경쟁력이 힘을 발휘한다. 이는 사람도 마찬가지다.

누구나 기회를 잡을 수 있는 시대가 왔다.

'시기가 좋지 않다'는 변명은 통하지 않는다. 몸을 사리고 있을 때가 아니다. 지금부터 자신답게 살아가기 위한 준비를 해야 한다.

이 책이 일하는 여자가 자신만의 인생을 설계하는 데 도움이 된다면 더할 나위 없이 행복할 것이다.

일하는 여자를 응원하며
아리카와 마유미

|제 4 장| 인생을 즐기는 사람만이 성공한다

제1장

세상에 단 한 명뿐인 여자가 될 준비를 시작하라

허둥거리는 20대보다는 인생의 쓴맛 단맛을 다 본 30대가 낫다.

진짜 인생을 즐기기 위해 그만 방황하고 전진 또 전진하자!

It's Me

나를 가장 잘 아는 사람은 바로 나다

'나를 가장 모르는 사람은 아마 나일 거야. 나에게는 어떤 직업이 어울릴까. 내가 무슨 일을 하고 싶은지 모르겠어.'

한숨 소리가 여기저기서 들려온다. 몸과 마음이 "이제 항복할 게. 제발 그만해!"라며 비명을 지르고 있다는 사실을 깨닫지 못한 채 오기를 부리다가는 우울해지거나 건강을 해치거나 주위 사람에 휩쓸려 자신을 냉정하게 바라보지 못하게 되기 십상이다.

원인은 하나다. 자기 자신과의 커뮤니케이션이 이루어지지 않았기 때문이다. 다른 사람과의 커뮤니케이션도 중요하지만 자기 자신과의 커뮤니케이션이 무엇보다 우선되어야 한다. 자신만큼 자신에게 관심을 기울이는 사람도 없지 않은가. 내가 먼저 나를 이해해주지 않으면 안 된다.

그러기 위해서는 객관적인 눈이 필요하다. 이 눈을 가지고 있느냐 없느냐에 따라 앞으로의 인생이 크게 달라진다. 자신을 제대로 파악하지 못하는 사람은 자신만 옳다고 믿거나 개성을 드러내지 못하므로 매력이 없다.

무로마치 시대에 일본의 전통 가무악극인 노能를 완성한 제아미는 "자신을 버리고 본다"라는 표현을 통해 제삼자의 눈을 가지는 것이 중요함을 역설했다. 무대에서 연기를 하는 사람은 자신의 모습, 특히 뒷모습은 절대로 볼 수 없다. 그러므로 멀리서 바라본 모습도 아름다울 수 있도록 자신을 가다듬어야 한다. 이는 '인생'이라는 무대에서도 마찬가지다. 제삼자의 눈을 가질 때 비로소 자신이 추구해야 할 모습, 자신이 나아가야 할 길이 보이기 시작한다.

**자신과 '친구'가 되었다고 가정하고
진짜 나와 대화를 나누어보자.**

"진짜로 하고 싶은 게 뭐야? 지금 기분이 어때? 너에게 기쁨을 주는 건 뭐지? 괴로울 때는 잠시라도 쉬는 편이 좋아. 무리하면 안 돼! 아무리 힘들어도 포기하지 마. 나는 너를 인정하고 있어. 일이 순조로울 때일수록 더욱 힘을 내야 해. 용기를 잃지 마. 너라면 뭐든지 할 수 있어. 너 자신을 믿어” 하는 식으로 자기 자신과 솔직한 대화를 나누어보자.

항상 자신을 있는 그대로 받아들이며 질타하고 격려하는 친구의 존재는 든든하다. 이 친구는 때때로 매니저가 되기도 하고 연출가가 되기도 한다.

‘또 하나의 자신’과 함께 즐겁고 만족스러운 인생이라는 무대를 만들어가기 바란다.

VaLuEs

세간에 떠도는
가치관에 휘둘리지 않는다

2

세상은 눈이 핑핑 돌 정도로 빠르게 변화하고 있다. 내가 사회에 첫발을 디딘 것은 경제가 호황일 때였다. 남녀고용 평등법이 시행되고 커리어 우먼, 여성 해방 운동이라는 단어가 자주 입에 오르내리던 시대였다. 뒤이어 물질적 풍요보다 정신적 풍요를 중시하는 시대가 찾아왔다. 일에 열중하기보다는 자신만의 라이프스타일을 추구하는 여성이 많아졌다. 소규모 회사나 여성 창업자가 많아진 것도 바로 이 시기다. 최근 10년간은 부모님의 경제적 원조를 받으면서 사치를 즐기는 된장녀, 패션과 외모에 관심이 많은 메트로섹슈얼, 학력이 높고 경제적 여유가 있는 골드미스, 배우자를 찾는 데 적극적인 미혼남녀, 초식동물처럼 온순한 초식남 등 다양한 가치관에서 비롯된 여러 가지 캐릭터가 공존하는 시대였다.

다양한 가치관이 있는 것도 좋다. '그렇게 생각할 수도 있구나'라고 인정해주면 그만이다. 다만 세간에 떠도는 가치관에 휘둘리지 않도록 주의할 필요는 있다.

"앞으로는 환경을 생각하면서 살아야지"라고 말하던 사람이 뜬금없이 "취직보다 결혼이 중요해"라고 말하고, "상류층 남자를 만날 거야"라고 말하던 사람이 갑자기 "역시 배우자로는 부드러운 초식남이 제격이지"라고 말한다. 자신만의 기준이 없는 사람은 이리저리 휩쓸리기 마련이다.

20대라면 '이것저것 하면서 답을 찾아보자'라며 돌아서 가는 것도 좋다.

하지만 30세, 늦어도 38세가 되기 전까지는 삶의 기준을 세워두어야 한다.

인생에서는 끊임없이 선택을 해야 하는 순간이 찾아오지만 자신만의 기준이 있으면 누가 뭐라 하든 흔들리지 않는다. 즉시 판단을 내리고 앞으로 나아갈 수 있다.

그러므로 자신의 가치관에 대해 자세히 알아둘 필요가 있다.

다음의 〇〇〇을 채워보기 바란다. 가능한 한 구체적으로 대답하는 편이 좋다. 복수 대답도 가능하다.

1 나에게 기쁨을 주는 것은 ●●●이다.

2 내가 가장 소중히 여기는 것은 ●●●이다.

3 나는 ●●●한 생활을 하고 싶다.

4 내가 하고 싶은 일은 ●●●이다.

5 나는 50세(50세 이상이라면 연령 플러스 10세)가 되었을 때 ●●●한 사람이 되고 싶다.

이는 단순한 희망이 아니다. '이렇게 되고 싶다'라고 바라는 모습을 머릿속에 선명하게 그려보면 꿈은 어느새 현실이 되어 눈앞에 펼쳐질 것이다.

FlexiBle

끊임없이 변하는 여자 인생
유연하게 즐긴다

얼마 전 40대의 회사원인 고등학교 동창과 오랜만에 만나 수다를
떤 적이 있다.

나 : 그동안 별 일 없었어?

친구 : 시어머니가 쓰러지셔서 간병을 해야 할 것 같아. 우리 집
에서 모셔야 할지도 몰라. 우리 아들은 수험생이라 챙겨
줄 게 한두 가지가 아니고. 부하 직원이 들어온 지도 얼
마 안 돼서 책임이 막중한데 말이야.

나 : 힘들겠구나.

친구 : 다들 그렇지 뭐. 다른 동창들을 봐도 2, 3년이면 모를까 10년 정도 지나면 변함없는 사람은 없더라.

이렇듯 여성의 인생은 변화의 연속이다. 결혼, 출산, 육아, 간병과 같은 사건이 잇따라 일어날 뿐 아니라 사회도 끊임없이 변한다. 종신 고용제가 무너지고 비정규직 사원이 급증하는가 싶더니 불황의 여파로 비정규직 해고, 명예퇴직, 입사 취소가 이어지고 있는 추세다. 취직만 하면 그만, 결혼만 하면 그만인 시대는 이미 먼 옛날의 이야기다. 세상이 숨 가쁘게 돌아가고 있는 만큼 기존의 방식만 고집하는 사람은 순식간에 뒤로 처지고 만다.

따라서 '이렇게 살고 싶다'라는 큰 기준을 세워놓고 주변 상황에 따라 아메바처럼 색깔과 모양을 바꾸어야 한다.

여자에게 필요한 것은 강함이 아니라 부드러움이다.

살다 보면 수많은 파도가 밀려온다. 흐름을 타고 있을 때는 저항이 적어서 모든 일이 순조롭게 진행된다. 마치 우주가 뒤에서 밀어주는 듯한 기분이다.

여세를 몰아 열심히 노력하면 좋은 성과를 낼 수 있다. 반대로 흐름을 거스른다면 저항이 많아서 좀처럼 앞으로 나아갈 수 없다. '어째서 자꾸만 문제가 생길까'라고 느낄 때가 바로 이런 상태일 것이다. 선택이 어렵다면 잠시 기다리는 것도 좋다. 자연히 길이 활짝 열릴 때가 온다. 예상과 다른 일이나 납득할 수 없는 일이라도 일단 받아들이자. 받아들이는 데 의미가 있다. 어쩌면 미래의 방향성을 찾을 수 있을지도 모른다.

여자의 인생은 무슨 일이 일어날지 한 치 앞도 모른다. 모르기 때문에 재미있다. 이왕이면 변화를 적극적으로 받아들이고 자신이 드라마의 여주인공이라는 마음으로 인생을 즐기기 바란다.

20대는
허둥거려도 된다

"왜 그렇게 이직을 자주 하셨어요?"

자주 듣는 질문이다. 소소한 아르바이트까지 합치면 거의 30가지가 넘는 직업을 전전했기 때문이다.

나에게 일은 연애다. '진짜 멋있구나'라며 한눈에 반하거나 '다신 바람피우지 않고 내 순정을 다 바칠 거야'라며 굳게 맹세해도 시간이 지나면 '나랑 안 맞는 것 같아', '한평생을 함께할 수는 없겠어'라는 생각을 하게 된다. 물론 한눈을 팔거나 퇴짜를 맞는 경우도 있다.

하지만 헛수고였다고 느끼는 연애나 일은 한 번도 없었다. 다양한 사랑을 경험한 사람이 성숙한 사랑을 하듯이 이런저런 일을 경험한 덕분에 평생 하고 싶은 일을 찾았을 때 그동안 갈고닦은 능력을 마음껏 발휘할 수 있었기 때문이다. 때로는 고된 업무에 시달리기도 하고 혹독한 시련을 겪기도 했지만 그만큼 배우고 성장할 수 있었다. 감사하는 마음뿐이다.

20대는 헤매도 된다. 허둥거려도 상관없다.

갖가지 경험에서 이끌어낼 무언가가 분명 있을 것이다. 다만 시간이 걸리더라도 진심으로 심취할 수 있는 일을 찾는 것이 중요하다.

진짜 내가 하고 싶은 일을 찾는 게 핵심이다. '대기업이니까', '월급이 많으니까', '결혼할 때 유리하니까'라는 이유로 고른 일은 오래가지 못한다. 연애도 그렇지만 체면이나 이해득실에 따른 선택을 한다면 '이렇게 해주면 좋겠어', '왜 이렇게 해주지 않는 거야?'라며 생떼를 부리는 인생을 살게 된다.

물론 일에게 사랑을 받는 것도 중요하다. 짝사랑은 고통스럽다. 따라서 '높은 평가를 받고 있는지', '만족스러운 대우를 받고 있는지'도 중요하다.

일에 대한 애정이 있으면 어떤 곤경도 극복할 수 있다. 긍지를 가지고 일을 하는 사람은 도중에 주저앉지 않는다.

20대나 30대는 감정이 풍부한 만큼 '저것도 하고 싶어', '이것도 재밌을 거 같아'라며 쉽게 달아오르고 쉽게 식는다. 진심으로 심취할 수 있는 일은 그렇게 쉽게 만날 수 있는 것이 아니다. '바로 이거다!'라는 느낌이 드는 일을 찾았다면 오로지 전진, 전진하기 바란다.

사랑이든 일이든 기다리기만 해서는 아무것도 시작되지 않는다.

ConTrIbute

내가 하는 일은
사회를 위한 공헌이다

몇 번인가 텔레비전에 소개되는 것을 보고 멋진 여성이라며 주목한 사람이 있다. 전 양호교사인 야마다 이즈미 씨다.

유방암이 발병한 후 생명에 위협을 받는 상황에서도 전국 각지를 돌며 강연을 하고 어린이를 상대로 '생명수업'을 열었다. 비록 2008년이 끝나갈 무렵 49세의 젊은 나이로 생을 마감했지만 야마다 씨의 아름다운 미소와 긍정적인 자세는 많은 사람들에게 강한 인상을 남겼다.

누구나 '내가 할 수 있는 일은 무엇일까'라는 의문을 품고 있지만 삶이 제한된 상태일수록 더욱 강한 의문을 품게 되는 모양이다. 시력을 잃은 후에도 교단에 서는 교사, 사고로 걸을 수 없게 되어도 직업을 버리지 않는 간호사가 있다. 얼마 전 안타깝게도 43세의 젊은 나이로 세상을 떠난 친구도 죽음을 고작 몇 개월 앞두고 병상에 누워서 "지금부터라도 내가 할 수 있는 일이 없을까?"라고 물었다.

사람은 다른 사람에게 도움을 주고 싶어 한다. 다른 사람이 기뻐하는 모습을 보고 싶은 것이다. 다른 사람을 위해 무언가를 할 수 있다는 것은 최고로 행복한 일이 아닐까.

특별한 상황에 처한 사람만이 아니라 모든 사람에게 '세상을 위해 무엇을 했는가'라는 질문을 받게 되는 순간이 찾아온다. **'나는 일을 통해 세상에 공헌하고 있다'라는 긍지를 가지고 일을 한다.**

외모를 아름답게 꾸미는 일, 병을 치료하는 일, 맛있는 요리를 만드는 일, 유용한 정보를 제공하는 일, 좋은 상품을 세상에 내놓는 일과 같이 다른 사람을 기쁘게 만들거나 도움을 주는 일이라면 전부 사회공헌에 해당된다. 팀으로 하고 있는 일이라도 그 일이 다른 사람에게 도움이 된다면 이 역시 훌륭한 사회공헌이다.

심지어 사회공헌의 수준을 넘어 사명이 되기도 한다.

'사회공헌'이라고 하면 봉사활동을 떠올리는 사람이 많다.

하지만 사실은 일이야말로 진정한 사회공헌이다. 자신이 할 수 있는 일을 통해 사회에 공헌하고 그 대신에 보수를 받는다. 다른 사람에게 도움이 되는 일을 한다면 돈은 자연히 따라오는 법이다. 자신에게도 도움이 되고 회사에도 도움이 되고 사회에도 도움이 되는 것. 그것이 바로 일이다.

만약 새로운 일을 찾고 있다면 손쉽게 돈을 벌 수 있는 일을 구하는 것이 아니라 장기적인 안목으로 '나는 무엇을 할 수 있을까'라는 의문을 철저히 파헤치기 바란다. 자문을 반복하는 사이에 금방은 아니더라도 언젠가는 반드시 답을 얻을 것이다. 우리는 '무언가를 하고 와라!'라는 사명을 안고 이 세상에 태어났기 때문이다.

Youth

서른 살 여자에게
너그러운 곳은 없다

'젊음'이라는 무기가 사회에 통용되는 것도 고작 30세까지다. 서른 고개를 넘기고 나면 세상이 갑자기 자신에게 냉담해졌다며 울상을 짓는 여자들이 많다. 때론 소외감을 느끼거나 자신감을 잃어버리기도 한다.

이것이 현실이다. 20대에는 별다른 능력이 없어도 아직 어리니까, 경험이 적으니까, 하며 너그러이 용서를 받지만 30세를 넘기는 순간 상황은 급변한다. 자신만의 강점, 즉 '자기 브랜드'를 가지는 것이 세상을 당당하게 헤쳐 나갈 수 있는 유일한 방법이다.

물론 많은 여성들은 그러한 사실을 인지하고 있으므로 자격증

취득, 학원 수강, 영어회화 공부를 통해 자신을 갈고닦는 일에 여념이 없다. 훌륭한 자세다. 기존의 특기를 살리는 것도 좋고 이런저런 일에 도전해보면서 '이건 안 맞네', '이건 잘할 수 있을 것 같아'라며 새로운 특기를 기르는 것도 좋다.

"나는 잘하는 게 아무것도 없어"라고 한탄하는 사람이 많다.

하지만 장점은 처음부터 가지고 태어나는 것이 아니라 살아가는 동안 생기는 것이다. 나도 그랬다. 서른 즈음까지는 '나한테 어떤 일이 맞을까', '난 대체 뭘 하고 싶은 걸까'라는 의문을 품은 채로 이직을 되풀이했다. '내가 하는 일은 거의 경력으로 인정받질 못해. 어쩜 난 이렇게 어정쩡한 인간인 걸까'라고 자책한 적도 많다. 하지만 다양한 직장을 경험하는 가운데 비로소 깨달은 것도 있다. 어느 직장에서나 통용되는 처세술을 담은 나의 첫 책 《당연하지만 좀처럼 알기 힘든 일하는 여자의 룰》이 탄생할 수 있었던 원동력이 여기에 있다.

냉혹한 사회에서 살아남기 위해서는
단점도 장점으로 만들어야 한다.

언뜻 결점으로 보이는 특성이나 실패, 좌절이 장점이 되는 경우도 있다. '이건 다른 사람과 달라', '이건 내가 가지고 있는 흥미로운 개성이야'라고 생각하는 부분을 종이에 적어보기 바란다.

자신 안의 재고를 조사한다는 마음으로 장점 리스트를 작성한다. 리스트에 쓰인 나의 장점을 보면서 '아, 나한테도 의외로 좋은 점이 있구나', '이건 쓸모가 있겠네'라고 여겨지는 부분을 갈고 닦으면 된다.

자신감을 가지기 위해 자신을 바꿀 필요는 없다. '지금 이대로의 내가 좋아'라며 가슴을 쫙 펴고 자신이 지닌 가치를 깨달으면 된다.

인생이란 '원작·각본·연출·주연'을 전부 혼자 해내는 무대다. 여배우가 가진 매력을 최대한으로 끌어내기 위해서는 우선 여배우에게 애정을 가지고 장점을 모조리 찾아내야 한다.

Scarcity Value

수많은 사람 중 한 사람이 되지 마라

나이가 들수록 자신의 가치를 높이는 여성의 대다수는 '이 일을 할 수 있는 사람은 오직 당신뿐이야', '역시 이 사람이 아니면 안 돼', '누구도 당신의 아이디어는 따라갈 수가 없어'라는 말을 들을 정도로 희소가치와 독창성이 있다. 다시 말해 '브랜드 파워'가 있는 특별한 존재이다.

반대로 브랜드 파워가 없으면 누구나 할 수 있는 일을 나누어 가지거나 싸워서 뺏지 않으면 안 된다.

브랜드 파워를 가지기 위해서는
자신의 장점을 '희소가치'로 만들어야 한다.

다음 다섯 가지 방법으로 자신의 브랜드 파워를 만들어보자.

1 자신의 장점을 더욱 개발하여 최고 수준으로 끌어올린다. 전국 1위의 실적을 자랑하는 영업사원, 신의 손이라고 불리는 피부 미용사처럼 자신의 분야에서 일류가 되는 것을 목표로 한다.

2 자신의 장점에 차별되는 부가가치를 더한다. 수화를 할 수 있는 간호사, 채소 전문가이기도 한 영양사, 관상이나 손금을 볼 줄 아는 영업사원과 같이 여러 장점을 조합하여 다른 사람에게는 없는 희소가치를 창출한다.

3 처음부터 난이도가 높은 직업이나 희소가치가 높은 직업을 노린다. 공인회계사, 변리사, 의사처럼 진입하는 것부터가 어려운 직업이나 전통공예가, 필적감정사와 같이 직업 자체에 희소가치가 있는 일을 택한다. 다만 자격증을 취득하거나 기술을 습득하는 데 많은 시간이 필요하다.

4 아이디어로 희소가치를 만든다. 세상에 한 대밖에 없는 재즈 택시, 즉흥시인, 특수한 대행업, 대여 서비스, 정보 서비스업과 같이 틈새시장을 공략하여 '그런 게 있다면 이용하고 싶어!' 라고 여겨지는 희귀한 서비스를 제공한다.

5 자신의 장점이 희소가치가 되는 장소를 찾는다. 농촌의 댄스 강사, 실버타운의 네일 아티스트, 아프리카의 한국어 강사처럼 그 장소에서 둘도 없는 존재가 된다.

시대의 흐름이나 사회의 요구를 탐색하는 것도 중요하다. 항상 '내가 세상에서 할 수 있는 일이 무엇일까?'라는 고민을 하고 있으면 불쑥 답이 튀어나오는 순간이 찾아온다.

자신이 어떤 사람인지 알리고 싶다면 '풍수 건축사', '고운 피 부 도우미'와 같은 자신만의 캐치프레이즈를 만들기 바란다. 표현이 기발할수록 '자기 브랜드'를 쉽고 재미있게 각인시킬 수 있다.

RuSH

20대는 미친 듯이
일만 해도 된다

8

'일과 생활의 균형'이라는 말이 등장한 지 오래다. '일과 생활의 균형'을 잡아야 한다는 것은 당연하다면 당연한 말이다. 하지만 이는 현실적으로 쉬운 일이 아니다.

본래 결혼이나 출산, 간병을 비롯한 생활이 큰 비중을 차지했던 여성의 인생에서 '일과 생활의 균형'은 매우 중요하다. 하지만 인생에는 기복이 있다. 따라서 인생 전체를 놓고 볼 때 전체적인 균형만 맞으면 된다.

한 시기만 떼어놓고 볼 때는 균형이 맞지 않더라도 상관없다. 한결같이 일과 생활의 균형이 잡힌 나날을 보낸다는 것은 매우 어려운 일이고 현실적으로 불가능한 일이다. 시간이 흐르면 자신의 생각도 달라지고 주변의 상황도 달라진다.

지금이라는 시간은 인생이라는 길고 긴 시간을 통과하는 하나의 점이다.

자나 깨나 일만 생각하는 시기가 있어도 좋고 전업주부로서 육아에만 집중하는 시기가 있어도 좋다. 아이를 어느 정도 키운 후에는 창업을 하거나 다시 회사에 들어가서 열정적으로 일하는 것도 좋다.

나도 지난 세월을 돌이켜보면 일터에서 벗어나 일을 전혀 하지 않았던 시기도 있고, 전 세계를 돌아다녔던 시기, 실적을 올리겠다고 잠자는 시간까지 아껴가며 일했던 시기, 돈을 벌고 싶어서 일을 몇 가지나 겸했던 시기도 있었다. 어느 것 하나 소중하지 않은 시기가 없다. 일과 생활의 균형이 깨졌던 시기가 있기 때문에 지금의 내가 있는 것이다.

특히 20대 때는 저돌적으로 일할 필요가 있다. 기획서를 고치느라 밤을 꼬박 새거나, 주말에도 쉬지 못하고 일하거나, 밤늦도록 고객의 하소연을 들어주거나, 상사의 꾸지람에 눈물이 쏙 빠지는 시기에는 제자리걸음을 하고 있는 건 아닌가 하는 의문도 들지만 실은 비약적인 성장을 하고 있는 것이다. 이러한 과정이 쌓이고 쌓이면 금방은 아니더라도 언젠가는 반드시 강한 자신감을 가지게 될 것이다.

'저돌적으로 일하는 시기'를 거치지 않고 바로 큰 성과를 올리거나 좋은 평가를 받는 사람은 거의 없다. 저돌적으로 일할수록 더욱 많은 재미를 발견할 수 있다.

Work & MarRiAge

일이냐, 결혼이냐 더 이상 선택의 대상이 아니다

시대가 변했다. 전업주부로 사는 여성은 좀처럼 눈에 띄지 않는다. 하지만 '결혼하면 일은 그만두고 싶어'라고 희망하는 직장여성은 오히려 늘어나고 있다. 꼭 전업주부는 아니어도 "결혼한 후에는 일은 아르바이트 수준으로 하면 돼"라고 말하는 여성도 많다. 어느새 30대에 들어서서 '결혼도 못했는데 직장까지 불안하다니'라는 초조한 마음으로 경제적 안정과 정신적 안정을 쫓아 '결혼이나 해야지'라며 현실에서 도망치는 여성도 부지기수다.

하지만 결혼은 의존이어서도 안 되고 도망이어서도 안 된다. 그런 기대를 하다가 따끔한 맛을 보고 정신을 차린 사람이 바로 나다. 20대 전반까지 전업주부를 꿈꾸었던 나는 결혼과 동시에 일을 그만둘 작정이었다. 하지만 결혼은 성사되지 않았고 그때 처음으로 든 생각은 '나한테 남은 건 아무것도 없어. 이제부터는 어떻게 살아가야 하지?'라는 절망과 불안이었다.

30대에 잠시 일 없이 백수로 생활한 적도 있지만 그때 처음으로 느꼈던 감정은 수입이 없는 괴로움이었다. 부모님이나 형제가 벌어다 준 돈인 만큼 사용할 때마다 조심스럽고 부담스러웠다. 스스로 번 돈으로 자유롭게 먹을 수 있고 살 수 있는 평범한 일상이 얼마나 귀중한 것인지 그제야 깨달았다. 일을 할 수 있다는 사실에 감사해야 한다고 마음속 깊이 생각했다.

20대 후반부터 30대 전반의 기혼여성 중에 맞벌이를 하는 사람은 절반이 넘는다. 현실적인 문제와 불황의 영향으로 남편의 수입에만 의지할 수 없게 된 여성의 사회복귀가 급증하고 있다는 것이 중요한 원인이다. 게다가 여성이 육아를 책임지고 있는 경우를 제외하고는 '남자가 여자를 부양해야 한다'는 의무감을 가진 남성이 줄어들었고 사회도 이에 동조하는 분위기다.

**'일을 할 것인가 결혼을 할 것인가'라는
선택은 이제 그만두자.**

결혼했다고 아이를 낳았다고 일을 그만둘 것이 아니라 경력을 이어간다는 자세를 가져야 한다. 결혼이나 육아의 경험은 또 하나의 경력이 될 수도 있다. 일을 통해 사회에 참여하고 있기 때문에 가족과의 관계가 더욱 순조로워질 수도 있다. 일과 결혼의 윈win-윈win 효과가 가장 바람직하다.

좋은 사람을 만나서 결혼을 하고 출산을 하는 것은 본래 매우 신성한 일이다. 눈에 보이지 않는 거대한 흐름이 있고 적당한 시기가 있다. 기회가 올 때 얼른 잡으면 된다. 일은 어떻게든 된다. 아니, 어떻게든 해야 한다. 조혼이라도 좋고 만혼이라도 좋다. 독신이라도 상관없다. 사람은 제각각이다. 서두르지 말고 자신만의 보폭으로 걸어가자.

FoRty

진정한 인생은 40대부터다

"마흔은 불혹의 나이다."

공자의 말이다. 40세가 되면 마음이 흔들리지 않는다는 의미지만 실제로는 마흔이 되어도, 쉰이 되어도 마음이 흔들릴 때가 많다. 우리는 신이 아니라 인간이기 때문이다.

나는 마흔을 넘기고 난 후에 '아, 나는 역시 일을 해야 해' 하며 일에 대한 각오를 확고히 다졌다. 일을 새로 시작하기에는 너무 늦은 나이가 아닐까? 절대 아니다. 새로운 일을 시작하기에 시간은 충분히 남아 있다.

40세라는 나이는 자신의 '수비 범위'를 알게 되는 시기다. 나에게 일은 연애와 같아서 20대나 30대 때는 하고 있는 일에서 한눈을 팔거나 바람을 피우는 일이 허다했다.

하지만 그처럼 터무니없는 행동을 했던 시기가 있기 때문에 살아가는 힘을 단련할 수 있었다.

20대 때는 '뭐든지 보고 뭐든지 듣고 뭐든지 도전할 테다'라는 적극적인 자세를 가지기 바란다. 사회도 아낌없이 응원해줄 것이다. 신문이나 책, 인터넷을 통해서도 정보를 모을 수 있지만 세상에는 실제로 경험하지 않으면 도저히 알 수 없는 것들이 가득하다. 자신에 대한 투자라고 생각하고 여행에도 공부에도 놀이에도 충분히 돈을 들이는 게 좋다. 조금은 무모한 도전이나 뼈아픈 실패, 혹독한 시련이 전부 피가 되고 살이 된다.

30대는 20대를 기반으로 실적을 쌓는 시기다. 다양한 경험을 하는 사이에 자신이 나아가야 할 길도 보이기 시작할 것이다. 결혼 여부와는 상관이 없다. 자신이 하고 싶은 일을 자신에게 맞는 속도로 꾸준히 하면 된다.

40대부터는
진정한 의미에서의 공격을 하기 바란다.

40세야말로 본래의 능력을 발휘할 수 있는 시기다. 인생의 전반에 갖가지 양분을 비축해두어야 인생의 후반 이를 활용하여 제대로 일을 할 수 있다. 전반에는 돈을 받으면서 세상을 공부하는 것이나 마찬가지라고 생각하자.

다른 사람과 보조를 맞추고자 서두를 필요는 없다. 다만 인생의 환경은 10년마다 완전히 달라진다는 사실은 절대로 잊지 말기 바란다.

ProfeSsioNal

나이 먹은 여자는
누구나 하는 일을 해선 안 된다

"40대가 되니 써주는 데가 없어. 역시 젊음이 최고야."

종종 듣는 말이다. 물론 '이왕이면 젊은 사람을 채용하고 싶다'고 하는 직장이 많은 것은 사실이다. 하지만 언제까지나 20대와 같은 출발선에서 시작할 것은 아니지 않은가.

40대가 되면 20대나 30대보다도 가능성이 훨씬 커진다. 일을 꾸준히 하고 있으면 이전에는 어렵다고 느끼던 일도 손쉽게 할 수 있게 되고 지식과 경험이 쌓여서 시야가 넓어지므로 20대나 30대에는 보지 못했던 것도 볼 수 있게 된다. 주위에는 동년배는 물론이고 그 이상의 영향력을 가진 사람도 늘어나고 사람들에 대한 이해도 깊어져 다른 사람을 부리거나 지도하는 게 능숙해진다.
**늘어난 나이만큼이나 늘어난 경력으로
더욱 중요한 일을 할 수 있다.**

나이가 한 살 한 살 늘고 경력의 횟수는 한 해 한 해 쌓이는데
도 언제까지고 사회 초년생 같은 사람이라면 '자신이 무엇을 못
하는지'는 알고 있어도 '자신이 무엇을 잘하는지'는 모르고 있다.

나이를 먹는다는 것은 그만큼 무언가가 쌓여 간다는 의미이다.
그 안에는 분명히 뛰어난 점이나 우수한 점도 있을 것이다.

나이를 먹을수록 자신의 가치를 올리는 방법으로 다음 세 가지
가 있다.

1 전문 분야의 경력을 쌓는다.

2 리더나 관리직을 목표로 한다.

3 전문 분야의 경력을 쌓고 리더나 관리직을 목표로 한다. (1번,
  2번 복합)

스페셜리스트specialist로서 전문성을 향상시킬 것인가, 제너럴리
스트generalist로서 조직을 정리하거나 이끄는 입장이 될 것인가 하
는 문제다.

수년간 일했지만 업무도 그대로고 지위나 수입도 별로 달라지지 않았다는 사람들이 종종 있다. 후배와 비교를 당하는 수모를 겪거나 노력만큼 보상을 받지 못한다는 사람도 있다. 하지만 항상 제자리에서 맴돈다면 지루하지 않을까. 웬만큼 일에 익숙해졌다면 실적을 알리거나 자신과 회사에 이득이 되는 제안을 해보면 도움이 될 것이다.

자신이 머무를 거처는 스스로 마련해야 한다. 나이를 먹은 여자는 누구나 할 수 있는 일을 해서는 안 된다.

CoNteMpoRAry

시대의 흐름 속에 힌트가 있다

자고 일어나면 세상이 변하는 시대다. 그러므로 시대를 내 편으로 만들기 위해서는 눈을 부릅뜨고 있을 필요가 있다. 우여곡절이 많았던 내 이야기를 해볼까 한다.

나는 경제 황금기라고 불리던 시대에 사회에 나왔다. 걸핏하면 회사 경비로 처리하고 수주회사로부터 각종 접대를 받는 공공기관에서 일했다. 좋은 직장에 있으면 부수입도 쏠쏠하게 생기는 시절이었다. 그러던 중 경제 불황과 함께 개인의 불행까지 찾아왔다.

설상가상으로 약혼자와도 헤어진 상황에서 당시 무명이었던 유니클로라는 의류회사의 점장을 맡게 되었다. 값싼 의류는 날개 돋친 듯 팔려나갔고 회사는 급속도로 성장했다. 이렇게 많이 받아도 되나 싶을 정도의 보너스를 받았으며 소유하고 있던 사내 주식은 주식시장에서 상장되면서 몇 배나 부풀었다. 하지만 너무나 바쁘고 고된 업무를 도저히 견딜 수 없었다. '이대로 가다가는 쓰러지고 말겠어! 평생 먹고살 수 있는 기술을 익혀야겠다'라는 생각에 기모노 관련 공부를 시작했다. 때마침 전통 결혼식이 유행하기 시작한 시기라 운 좋게도 기모노 강사와 결혼식 코디네이터로 이직할 수 있었다.

결혼식 사진도 전환기를 맞이했다. 당시 도쿄에는 결혼 정보지에 나오는 사진처럼 누구나 꿈꾸는 신혼의 단꿈을 멋지고 우아한 장소에서 아름다운 웨딩드레스를 입고 찍는 사진이 유행하고 있었다.

하지만 가고시마에는 그런 사진을 찍어주는 카메라맨이 없었다. '그럼 그런 사진 내가 한번 찍어볼까'라는 생각에 일안 리플렉스 카메라를 구입해 찍기 시작한 것이 카메라맨이 된 계기였다. 그 사진으로 서서히 인정을 받게 되고 스튜디오까지 가지게 되었다. 당시 인기를 끌던 변신 사진관처럼 고객이 원하는 대로 변신을 시켜주고 사진을 찍어주면서 돈을 번 것도 이때다.

즉, 시대의 흐름 속에 인생의 힌트가 들어 있다.

어느새 필름 사진에서 디지털 사진으로 이행되는 시기가 찾아 왔다. 나는 발매된 지 얼마 되지 않은 디지털 카메라를 구입하여 촬영방법과 화상처리에 대해 바쁘게 공부하던 중에 신문사의 편집자 모집공고를 보게 되었다. 왠지 재미있을 것 같다는 생각에 원서를 냈고 합격이라는 영광을 안았다.

대학을 갓 졸업한 젊은 친구들과 경쟁하여 35세의 나이로 50 대 1이라는 경쟁률을 뚫을 수 있었던 이유는 오로지 '디지털 사진을 찍을 수 있는 기술'이 있었기 때문이다. 다섯 명의 면접관 만장일치로 뽑힌 이례적인 경우였지만 결국 비정규직 해고라는 역풍을 맞게 되었으니 사람의 인생이란 알다가도 모를 일이다.

시대를 이용한다는 것은 경기가 좋을 때를 노리라는 말이 아니다. 변해가는 것, 다른 사람을 즐겁게 만들 수 있는 것, 어려움을 겪고 있는 것, 아직 아무도 하지 않은 것에 관심을 가지라는 의미이다.

WoRk PLacE

나 싫다는 회사
억지로 다닐 필요 없다

자신이 빛날 수 있는 장소는 누구에게나 있다.

나는 35세의 나이에 계약직으로 신문사에 입사했다. 취재, 집필, 편집과 같은 테크닉만이 아니라 냉철하게 판단하는 능력, 세상의 흐름을 파악하는 능력, 상대의 마음을 읽는 능력을 배웠다. 업무에도 대우에도 환경에도 만족하고 있었으므로 '가능하다면 정년까지 여기에서 일하고 싶다'라고 바랐지만 역시 인생이란 생각대로 되는 것이 아니었다.

회사 측에서 갑작스레 계약을 5년 이상 갱신하지 않겠다고 선언한 것이다. 정부가 5년 이상 일한 비정규직 사원을 정규직 사원으로 전환해야 한다는 정책을 발표했기 때문이다. 회사는 냉혹하게도 계약직 편집자를 1년에 한 명씩, 가장 일을 잘하는 고참 사원부터 자르기로 결정했다. 나는 세 번째 해고 대상이었다. 아직 1년 정도 시간이 남아 있었지만 '정리해고 대상이 되기 전에 그만두자'는 심정으로 과감히 회사를 그만두고 38세의 나이에 도쿄로 상경했다.

'당신은 이제 필요 없다'라고 하면 '우리 회사에는 당신이 꼭 필요합니다'라고 말하는 회사를 찾을 수밖에 없다. 다행스럽게도 신문사에서의 경력을 바탕으로 프리랜서로 살아갈 자신도 있었고 대부분의 출판물은 도쿄에서 만들어지므로 도쿄에 가면 일은 얼마든지 찾을 수 있을 것이라는 믿는 구석이 있었다.

실제로 나의 경력을 알아보고 일을 의뢰해주는 사람과 회사가 나타났다. 자유로운 미혼이라서 가능했던 일이기도 하지만 설령 기혼이었더라도 고향에서 사진관을 열거나 편집 프로덕션을 만들거나 해서 어떻게든 능력껏 일을 찾았을 것이다.

최근 들어 비정규직 해고, 육아휴직 해고(육아휴직 중인 사람에 대한 해고), 임시직 해고와 같이 사원을 단칼에 자르는 문제가 대두되고 있다. 회사의 편의에 따른 방식이기는 하지만 이는 어쩔 수 없는 현실이다. 그러므로 '당신이 있어서 다행이다', '당신이 필요하다'라고 말해주는 장소를 찾을 수밖에 없다. 버리는 사람이 있으면 줍는 사람도 있는 법이다. 경우에 따라서는 스스로 자리를 만들어도 좋다. 그러기 위해서는 자신의 강점이나 인성을 객관적으로 보고 자신이 무엇을 할 수 있을지, 어디에서 자신을 필요로 할지 정확히 판단해야 한다. 그곳은 먼 곳에 있을 수도 있고 의외로 가까운 곳에 있을 수도 있다.

하지만 한 가지만은 믿어야 한다. 우리의 능력을 필요로 하는 자리는 반드시 존재한다. 자신을 불러주는 장소가 있으면 그곳이 바로 내가 최선을 다할 직장이다.

적은 돈에 만족하는
바보 짓은 그만두자

본의 아니게 회사를 그만두고 상경할 때는 지방 신문사에서 정보지나 만들던 내가 과연 도쿄에서도 통할지가 의문이었다. 단순히 취재를 하고 기사를 쓰는 사람이라면 얼마든지 있기 때문이다. 부지런하고 체력도 좋고 부리기도 쉬운 젊은 사람을 당해낼 수는 없다는 판단이 들었다.

나는 세계일주를 하면서 여러 나라를 취재하기로 결심했다. 기술을 들먹이는 것보다 세계를 둘러보며 경험을 쌓거나 또 다른 장점을 만드는 것이 선결 과제라고 생각했기 때문이다. 색다른 시각이나 아무도 모르는 정보를 가지고 있으면 일은 반드시 들어

올 것이라고 확신했다. 처음에는 자신에 대한 투자라고 생각하고 통장을 깨서 비용을 충당했지만 어느샌가 자금 지원을 받게 되었다. 나를 몹시 반기는 잡지사도 생겼다.

"혼자서 촬영도 하고 집필도 하면서 두 사람 몫을 하니까 취재비가 별로 안 드네요."

상경한 지 4년이 지나고 도쿄에서 순조롭게 일을 하고 있을 즈음 다시 새로운 의문이 솟아났다. '이대로라면 10년 후에도 달라질 게 없지 않을까?'

아무리 지식이 풍부해도, 아무리 취재력과 문장력이 뛰어나도 아무리 경력이 많아도 잡지사에서 일의 대가로 지불하는 돈은 거의 비슷했다. 게다가 불황으로 인해 일의 가치는 계속해서 떨어졌다. 바쁘기만 하고 돈은 손에 쥐지 못하는 근로빈곤층 working poor과 다를 바 없다는 생각이 들었다. 선배들은 마치 변명처럼 이렇게 말했다.

"좋아하는 일을 하고 있으니까 돈을 못 벌어도 할 수 없지."

하지만 나는 절대로 동의할 수 없었다. 20대나 30대라면 '이것도 공부'라고 생각할 수 있다. 하지만 40대가 되고 50대가 되면서 업무능력이 향상되고 있는데도 터무니없이 낮은 단가를 감수하는 것은 자기 자신에 대한 결례라고 생각했다. 고민을 거듭한 끝에 '이름난 작가가 되어 단가를 높일 수밖에 없다'는 결론을 내렸다. 나의 경험을 토대로 집필한 처녀작이 탄생할 수 있었던 것도 이러한 자기 확신 덕분이다.

**'나는 노동시장에서 얼마만큼의
가치가 있는 걸까?'
자신의 상품가치에 의문을 품는 것이 시작이다.**

'가치를 높이기 위해서는 어떻게 해야 할까?' '나를 필요로 하는 곳은 어디에 있는 걸까?' 자신의 가치를 진심으로 고민하고 그 가치에 맞게 돈을 받아야 한다.

UsE

회사를 실컷 이용할 줄 아는 현명한 여자가 되자

요즘 술집에 가면 화제는 온통 정리해고나 임금 삭감과 같은 짜증스러운 푸념뿐이다. 보람이나 사명감보다는 안정을 추구하며 기업의 단물을 빨아먹으려고 취직한 사람들은 '선발된 인재만이 회사에 남게 되다니 정말 상상도 못했어'라며 실망감에 사로잡힌 모양이다. 꿈도 희망도 없는 듯한 얼굴로 '이제 나는 어떻게 되는 걸까'라며 눈앞의 일만을 걱정하고 있다.

회사의 방침에도 문제가 있기는 하다. 하지만 수동적인 자세로 일하는 사람은 시대나 회사에 휘둘릴 수밖에 없다. 더욱 능동적이고 주체적인 자세를 가져야 한다.

38세의 K는 경제 황금기를 누리던 20대에 '경기에는 기복이 있으니까 머지 않아 불황이 찾아올 거야. 돈을 벌 수 있을 때 얼른 벌어둬야겠어'라며 영업사원이 되었다. 실컷 돈도 벌고 맨션도 구입한 후 30세가 되자 간호학교에 입학했다. 졸업한 다음에는 출발이 늦은 만큼 다양한 현장에서 경험을 쌓고 싶다며 대형 의료기관에 취직하여 몇 년 만에 내과, 외과, 산부인과를 거치더니 현재는 파견 간호사로서 해외의 분쟁지역과 빈곤지역에서 구호활동을 펼치며 사명감을 안고 일하고 있다. K는 언젠가 이렇게 말했다.

"시대나 회사에 휘둘릴 여유는 없으니까 반대로 내가 휘둘러주겠어! 직장을 이용해서 자아실현도 하고 돈도 벌 거야. 이런 고통이라면 즐길 만하네."

**무사안일이 가능한 시대는
두 번 다시 돌아오지 않는다.**

회사에 의지하려고 하는 사람은 '더 이상 필요하지 않다', '더 이상 돌봐줄 수 없다'며 거부당하는 시대다. 완벽한 프로가 될지, 시대를 정확히 읽고 유연하게 나아갈지, 실컷 이용되다가 버림을 받을지 선택은 본인 몫이다. 이럴 때일수록 회사에 이익을 가져다주는 사람이나 일을 잘하는 사람이 극진한 대접을 받는다.

파리 컬렉션에 15년 만에 참가한 72세의 패션 디자이너 고시노 히로코 씨가 이런 말을 한 적이 있다.

"지금이 제 인생에서 가장 바닥인 시기입니다. 하지만 이것이 기회죠. 가장 바닥인 시기일수록 가장 큰 힘을 내서 자신의 능력을 보여줘야 합니다."

'다른 사람을 즐겁게 만들려면 어떻게 해야 할까'라고 끊임없이 고민하다 보면 내가 할 수 있는 일이 보이기 시작한다. '어떻게든 살아남으면 그만이야'라는 속 좁은 생각은 버리고 힘차게 나아가야 한다.

어느 시대에나 자신의 능력을 이용해 회사에 이득이 되는 사람이 '세상이 원하는 사람'이다. 회사와 사회를 위해 할 수 있는 일이 무엇인지 생각해보자.

GoAl

먼 미래의 목표는
세울 필요 없다

10년 후, 20년 후의 확실한 목표와 이를 실현하기 위한 구체적인 계획을 수립하고 실행해야 한다고 주장하는 지식인들이 많다.

하지만 10년 후, 20년 후의 목표와 계획을 과연 세울 수 있을까? 나는 자신이 없다. '이렇게 되고 싶어'라는 바람은 있지만 확실한 목표와 구체적인 계획까지는 세울 수 없다. 시대의 흐름이나 회사의 상황은 끊임없이 변하고 있다. 앞으로 어떤 일이 벌어질지 모른다. 일하는 방식, 사는 장소, 소통하는 방식도 달라질 수 있다. 애초에 자신이 건강하게 살아 있을지조차 알 수가 없다.

"지금의 바람이 10년 후에도 그대로일까? 게다가 10년 후의 목표를 정해서 관철시킨다고 하면 듣기에는 좋을지 몰라도 융통성을 발휘할 수 없어서 좀처럼 나아가지 못하거나, 시야가 좁아져서 기회를 놓치고 마는 일이 생기지는 않을까?"

이런 말을 하자 35세의 지인이 반론을 펼쳤다.

"그건 프리랜서만 그렇지 않을까요? 계속 같은 회사에 근무하는 회사원이라면 10년 후 정도는 뻔히 보여요."

물론 틀린 말은 아니다. 하지만 곰곰이 생각해보기 바란다. 지금 다니는 회사가 10년 후에도 있을 것이라고 누가 보장할 수 있을까? 미국의 자동차 대기업과 금융 대기업도 정부의 지원을 받고 있는 시대다. 일찍이 100년 전통의 야마이치 증권도 도산하지 않았는가. 이제는 정사원의 구조조정이나 공무원의 임금 삭감도 더 이상 낯설지 않다. 중대한 법률 제정으로 환경이 완전히 바뀔 가능성도 있다. 지금 함께 사는 배우자와 10년 후에도 함께 살 것이라고 단언할 수 있는가? 비관할 필요는 없지만 '무슨 일이든지 충분히 일어날 수 있다'고 생각하는 편이 현명하다.

따라서 먼 미래의 목표는 세우지 않아도 된다.

**일단 1년 후나 3년 후의
목표를 세우고 앞으로 전진하자.**

벽돌을 하나하나 쌓아올리듯 작은 성과나 성공을 꾸준히 늘리다 보면 그 축적이 어느샌가 높은 담장이 되어 '어머! 벌써 이만큼이나 쌓았네. 조금만 더 쌓아보자!'라며 의욕을 가지게 된다. 그리고 다시 새로운 벽돌을 하나씩 쌓아올려야 한다. 이러한 과정을 반복하는 사이에 벽돌로 이루어진 담장은 어느새 커다랗고 박력이 넘치는 건물이 되어 있다는 사실을 깨닫게 될 것이다.

결국 우리가 할 수 있는 일은 지금 하고 있는 일을 꾸준히 하는 것, 그것뿐이다.

KeePinG

꾸준히 하는 사람은
당해낼 재간이 없다

앞서 목표달성의 단계에 대해 소개했지만 그 외에도 중요한 것이 두 가지 더 있다.

하나는 '꾸준히 하는 것'이고 또 하나는 '자신을 믿는 것'이다. 후자에 대해서는 뒤에서 설명하기로 하겠다.

별다른 재능이 없더라도 꾸준히 한다면 능력이 향상되고 목표도 이루어진다.

대부분의 사람들은 '역시 나한테는 무리야', '다른 일을 찾을까 봐', '이제 귀찮아졌어'라는 식으로 중도에 포기하고 만다. 꾸준히 하기 위해서는 여간해선 포기하지 않는 열정과 집착이 필요하다.

물론 집착은 부정적 이미지가 강한 게 사실이지만 일에 관해서는 '이것만은 해야 한다'며 끈질기에 집착할 줄도 알아야 한다. 성과를 올릴 수 있을지 없을지는 '얼마나 집착했는지'에 달려 있다고 해도 과언이 아니다.

세계적인 야구선수인 스즈키 이치로가 이런 말을 한 적이 있다.

"물론 공부나 훈련은 좋아하지 않아요. 누구든지 그렇지 않을까요. 지루한 과정이 반복되고 힘드니까요. 그래도 목표를 세우고 노력하는 건 어렸을 때부터 좋아했어요. 노력이 좋은 결과로 이어지면 기쁘잖아요."

일이나 공부, 살림, 운동, 취미, 봉사활동도 마찬가지다. 꾸준히 하는 것은 쉬운 일이 아니다. 이러한 사실을 자각하고 끈기를 기르기 위해 다음과 같은 요령을 익히기 바란다.

1 하고 싶은 일을 한다. 혹은 '하고 싶다'고 느낄 만한 동기를 찾는다.

2 단기적인 목표를 설정하고 성취감을 맛본다.

3 포기하고 싶어지면 목적을 점검한다.

4 지금까지 들인 시간, 노력, 비용을 잊지 않는다.

5 실패에 일희일비하지 않는다. '이 방식은 잘못되었구나'라는

배움을 얻고 다시금 나아간다.

6 자기 자신을 객관적으로 살펴보고 관리한다.

7 의욕은 스스로 끌어올린다. 천천히 해도 좋고 쉬엄쉬엄 해도 좋다. 시작하는 것은 언제부터라도 좋다.

행운의 여신은 목표가 실현될 것이라고 믿고 계속하는 사람에게만 미소를 보낸다. 인생에는 어려운 일이 많지만 어려운 일은 대부분 간단한 일이 모여서 이루어진다. '한 발 한 발'의 반복이 커다란 실적을 낳는다. "느리더라도 꾸준히 하는 자가 승리한다"라는 말은 단순하지만 진실이다.

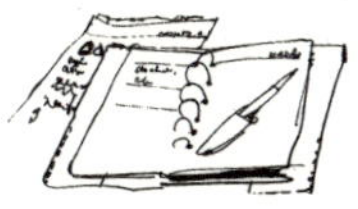

때로는 자신을 과신할 필요도 있다

18

28세의 M은 잡지를 만드는 프리랜서 디자이너다. 25세까지 회사원으로 일하다가 프리랜서가 되고 싶은 마음에 독학으로 디자인 공부를 시작했다. 아직은 보수도 낮고 일도 적어서 그럭저럭 혼자서 생활할 수 있는 정도만 번다.

한편 35세의 S는 디자인 일을 시작한 지 15년에 이르는 고참으로 프리랜서로 꽤 이름이 있다. 개인 사무실에서 하루 6시간 정도밖에 일하지 않지만 뛰어난 센스와 빠르고 정확한 작업으로 높은 평가를 받아 월수입이 천만 원을 넘는다.

M은 선배 S 이야기를 하며 이렇게 말했다.

"S 선배가 할 수 있으면 저도 할 수 있다고 생각해요. 똑같은 사람이잖아요."

나는 이 말을 듣고 '아, M은 분명 S처럼 되겠구나'라는 확신이 들었다.

**'나는 할 수 있어'라고 생각한 순간
없던 가능성도 찾아온다.**

'저 사람이 할 수 있다면 나도 할 수 있어'라고 생각하는 사람과 '저 사람은 할 수 있지만 나는 할 수 없어'라고 생각하는 사람의 차이는 자기 자신을 얼마나 신뢰하고 있는지에 있다. 할 수 없다는 생각이야말로 마음을 멈추게 만들어서 현실까지 멈추게 만드는 '마음의 방해물'이다.

물론 '거의 불가능한 일'도 있다. 서른이 넘어서 국가대표 선수가 되거나 아이돌 스타가 되겠다는 꿈은 이루기 어렵다. 하지만 다테 기미코(아시아 테니스의 신화적 인물)는 38세의 나이에 윔블던 테니스 대회에 출전하여 세계 랭킹 상위권의 젊은 선수와 동등하게 겨루고 웃는 얼굴로 돌아오지 않았는가. 지금부터 할 수 있는 일도 헤아릴 수 없이 많다.

노력이 대부분 보답을 받는 사회가 되었다. 영업 실적을 올리고 관리직이 되고 가게를 차리고 회사를 세우고 책을 출판하고 대학에 다시 들어가고 자격증을 따는 일이 전부 실현될 수 있다.

다만 현재 목표를 실현하지 못했다면 어째서 실현하지 못했는지, 목표를 실현한 사람과 비교하여 뭐가 부족한지, 차별화 포인트는 없는지 꼼꼼하게 검증해야 한다.

자신의 목표를 실현하는 사람은 '전례가 있다면 나도 할 수 있다'라고 생각하는 사람이다.

하지만 그보다 더 대단한 일을 해내는 사람은 '전례는 없지만 나라면 할 수 있다'라고 생각하는 사람이다.

FaiLuRe

실패도
쌓이면 자산이다

영어회화를 배울 때 선생님이었던 낸시가 이런 이야기를 한 적이
있다.

"저와 수업할 때 지켜야 할 게 딱 한 가지 있어요. 자꾸만 틀리
는 겁니다."

실수가 두려워서 적극적으로 말을 하지 않는 사람은 영어를 잘
할 수 없다. 틀려도 괜찮다는 여유를 가져야 영어에 익숙해진다.
정확하게 말해야 한다는 부담을 가지면 사용할 수 있는 표현이
줄어들고 말수도 적어지므로 영어에 숙달되기 힘들다.

이처럼 몸으로 부딪히는 수업 방식은 낸시의 생활방식과도 상

통하는 것이었다. 30대에 홀로 머나먼 이국땅에 와서 산중에 낡은 민가를 구하고 스스로 벽돌을 쌓아 가마를 만들어서 뛰어난 도예가로 활약했다. 교통사고로 허리를 다쳐 무거운 것을 들지 못하게 되자 도시로 나와 그림과 영어회화를 가르치기 시작했다. 하지만 여행을 갔다가 우연히 접한 자연에 반해 또다시 뉴질랜드로 떠나버렸다. 무모하다고도 할 수 있을 정도로 자유로운 영혼이었다. 낸시의 사전에는 '불가능'이라는 단어가 없는 듯했다. 어떤 곳에 있더라도 하고 싶은 일은 무엇이든지 해내는 낸시에게 나는 '실패를 두려워하지 않는다면 가능성은 무한대로 늘어난다'는 사실을 배웠다.

최근 들어 사회 전체가 불안감에 사로잡혀 공격은 하지 않고 수비에만 치중한다는 느낌이 든다. 얼마 전 지인인 28세의 K가 이런 말을 했다.

"우리 세대는 온갖 고생을 다하고 겨우겨우 취직할 수 있었던 사람이 많아요. 그러니까 돌다리도 두들겨보고 건너는 거죠. 강에 떨어지는 게 무서우니까 안전하다는 확신이 없으면 건너지 않아요."

반면에 K의 세대는 지갑을 탈탈 털어서라도 자신을 갈고닦을 정도로 의욕이 넘치는 세대이기도 하다. 능력이 뛰어난 여성들이 정말로 많다. 만약 현재의 상태에 만족한다면 문제될 부분이 없다. **새로운 일에 도전해보고 싶거나 이직을 하고 싶다면 두려움을 떨쳐야 한다.**

어려운 일에 선뜻 나서는 사람은 용기가 있는 사람이 아니라 실패에 대해 생각하지 않는 사람이다. 가볍게 건드린다는 느낌으로 발을 디뎌보면 어떨까. 만에 하나 돌다리가 무너진다고 해도 다시 기어오르면 된다. 인간은 위기에 강하다. 지혜와 노력, 유연한 정신력만 있다면 반드시 살아남을 수 있다.

평생 한 직장에서만 일할 생각인가

아무래도 신입사원들 사이에서 '평생 직장'이라는 30년 정도 케케묵은 사고가 되살아나는 모양이다. 도전이나 자아실현과는 별개로 평생 한 직장에서 일하고 싶다는 안정 추구파들이 많다.

특히 여성들 사이에서는 승진을 희망하지 않는 경우도 많아졌다고 한다. 업무가 어렵고 많기 때문이다. '가늘고 길게 일하는 방식'이 인기를 얻으면서 '그럭저럭 급료를 받으면서 편하게 정시에 돌아가는 게 좋아'라고 생각하는 여성들이 많아진 것이다. 물론 이것도 그리 나쁘지 않다고 생각한다. 자신의 마음이 가는 방향으로 나아가면 된다.

일이나 직장에는 저마다 특성이 있다. 이를 인정하고 스스로 선택하고 책임을 지며 각오를 다지고 나아가야 한다. 여기서 각오란 좋은 부분도 나쁜 부분도 전부 받아들이는 당당한 태도를 뜻한다. '포기한다'는 소극적인 의지가 아니라 '마음을 굳게 먹는다'는 적극적인 의지다.

각오를 다진 다음에는 즐겁고 보람차게 일할 수 있는 자신만의 방법을 찾아야 한다. 일에 열정을 바치고 싶다면 좋아하는 일을 하든지 지금 하는 일을 좋아하면 된다.

각오를 다지고 자신의 일을 사랑할 수 있는가?

대기업에서 인사를 담당하는 사람들과 이야기를 나누어보면 경제 황금기에 입사한 사원 중 현재까지 남아 있는 사람은 겨우 절반 정도라고 한다. 어떤 사람이 남아 있는지 물어보면 애사심이 있는 사람이 오래간다는 대답이 대부분이다.

마지막까지 남는 사람은 회사를 사랑하는 사람뿐이다.

역시나 평생직장을 가지기 위해서는 애사심을 오래 간직할 수 있는지가 중요한 갈림길이다.

Role-ModEl

아무도 가지 않은 길일수록 편하다

현대는 선택할 수 있는 삶의 방식이 무수히 많아서 오히려 롤 모델을 찾기 힘든 시대다. 롤 모델이란 장래를 설계하기 위한 본보기가 되는 사람을 말한다.

"회사 선배들을 둘러봐도 '저렇게 일하고 싶다'는 생각이 드는 사람이 한 명도 없어요"라며 투덜대는 사람이 많다.

회사의 상황이나 일하는 방식이 변화하고 있기 때문에 자신의 이상에 완벽하게 맞아떨어지는 인물을 찾는 것은 그만큼 어려운 일일지도 모른다.

요즘과 같은 시대에는 '여성이 행복해지는 방법', 혹은 '여성이

'일하는 방식'이 너무나 다양한 만큼 어느 것을 골라야 좋을지 모르겠다거나 어느 것도 가슴에 와 닿지 않는다는 사람이 많지 않을까.

하지만 애초에 롤 모델이란 반드시 필요한 것일까. 사람은 저마다 다른 인격으로 다른 환경에서 다른 인생을 살아가고 있다. 자신과 똑같은 삶을 사는 사람을 찾을 수 없는 것은 당연하다면 당연한 일이다. 누군가가 생각해낸 행복의 형태나 일하는 방식을 자신에게 적용한들 효과가 있을 리가 없다.

자신이 가야 할 길은 스스로 정하고 스스로 개척할 수밖에 없다.

그야말로 선택이 자유로운 시대다. 자신에게 가장 어울리는 길을 찾아서 자신에게 가장 맞는 속도로 걸어가면 된다.

아무도 걸어가지 않은 길일수록 편하다. 선구자만의 고통은 있지만 적어도 비교당하는 고통은 없기 때문이다.

업무, 생활, 결혼, 육아 등 어느 분야에서든 '이게 좋아!'라는 느낌이 오는 방법을 찾으면 된다. 중요한 것은 다른 사람을 흉내 내지 않고 자신만의 드라마를 만들어야 한다는 점이다. 어차피 해야 할 일이라면 드라마처럼 멋있게 해보자.

정확히 들어맞는 롤 모델은 아니더라도 자극을 받는 존재는 분명히 있을 것이다. 동경하는 선배나 존경할 만한 친구, 삶의 방향을 제시해준 저명인, 기운을 북돋아준 책을 부분적인 롤 모델로 삼아 살아가는 힘을 얻기 바란다. 또한 후배들에게 "선배처럼 되고 싶어요", "멋져요"라는 더할 나위 없는 찬사를 들을 수 있도록 스스로 다른 사람이 본받고 싶어 하는 인생의 롤 모델이 되도록 노력해보는 것도 좋다.

제2장
일하는 여자 인생을 뒤바꿀 현명한 투자법

저축도 사치도 중요한 게 아니다.

자기 자신에게 공을 들여라. 자신에게 한 투자만큼 이율이 높은 것은 없다.

성장이야말로 최대의 방어임을 잊지 말자!

가장 이율이 높은 투자는 자기 투자다

저축률이 급증하고 있다. 한 조사에 따르면 20대의 약 80%가 매월 저축을 하고 있다고 한다. 저축을 하는 목적은 '만일의 사태에 대비하기 위해', '여행을 가기 위해', '질병이나 사고에 대처하기 위해', '노후를 준비하기 위해'라는 응답 순으로 나타났다. 휴일을 보내는 방법으로는 '집에서 쉰다'는 응답이 가장 많았다. 이 수치만 보면 '미래를 위해 아끼고 아껴서 돈을 모아야 한다'고 믿는 사람이 많은 것으로 추정된다.

하지만 일자리를 잃었을 때 가장 의지가 되는 것은 돈이 아니라 자기 자신이다. 악착같이 1억 원을 모았다고 해도 언젠가는 사라지고 말 돈이다. 이자만 바라보고 살 수도 없다. 무슨 일이 생기더라도 살아남을 수 있는 사람, 계속해서 돈을 벌어들일 수 있는 사람이 되는 것이 우선이 아닐까?

**회사를 그만두고 싶어도 그만두지 못하는
가장 큰 이유는 자신의 시장 가치에
자신이 없어서다.**

견디기 힘든 길을 계속 가는 것보다 얼른 새로운 길을 찾는 편이 훨씬 효율적이지 않을까?

회사 안에서도 중요한 일을 맡는 사람은 가만히 내버려두어도 스스로 성장해 결국 회사를 발전시키는 사람이다. 기업이 신입사원을 일일이 교육하고 양성하는 시대도 아니다.

앞서 말했듯이 자신의 가치를 올리는 방법은 전문가가 되거나 리더가 되는 것이지만, 어디에서나 통용되는 능력을 쌓고 존재감을 키우기 위해서는 역시 자신에 대한 투자가 필요하다. 전문가라면 자신의 분야와 관련이 있는 기술을 익히거나 자격증을 따기 바란다. 리더라면 커뮤니케이션 기술, 기획력, 경영능력, 관리능력을 기르기 바란다. 얼마나 많은 시간과 돈을 들여 자신을 향상시키고 있는지가 10년 후의 수입과 자신감을 좌우하기 때문이다.

'술자리에는 가기 싫다', '여행과 같이 눈에 보이지 않는 대상에는 돈을 쓰고 싶지 않다'고 생각하는 사람도 있다. 하지만 다른 사람들과 함께하는 술자리에 참여하면 커뮤니케이션 기술과 인생철학을 배울 수 있으며, 낯선 곳으로 여행을 가면 현실을 객관적으로 보고 시야를 넓힐 수 있다. 일류의 문화를 접하는 것, 다양한 분야에서 활동하는 사람들과 교류하는 것, 자신의 겉모습을 갈고닦는 것도 자신에 대한 투자다. 자신을 향상시키는 일은 자연히 주변의 환경을 개선하고 수입을 높이는 일로 이어진다.

20대는 저축을 할 필요도 없고 사치를 부릴 필요도 없다. 그 돈으로 자기 자신에게 공을 들이기 바란다.

'성장이야말로 최대의 방어'가 아닐까.

No Easy

쉬운 일일수록
다른 사람으로 쉽게 대체된다

불황으로 인해 남편의 수입이 오르지 않는 탓인지 최근 1년 사이에 일자리를 구하는 주부는 11.3% 증가했다. 한편 일자리는 11.7%가 감소했다. 어린이집이나 유치원의 대기자 수는 반년 사이에 2만여 명에서 4만여 명으로 두 배나 올랐다. 직업소개소에서도 '일자리가 줄어들어서 기술이 없는 사람은 취직하기가 어렵다'고 말한다. 게다가 기술을 익히려고 해도 국가에서 운영하는 직업훈련소는 응모자가 많아 들어가는 것도 어렵다. 그야말로 사면초가다.

그래서인지 '인터넷으로 할 수 있는 비즈니스는 없을까', '집에서 할 수 있는 일이 있으면 좋겠는데'라고 생각하는 사람이 많다. 인터넷 홍보영업, 인터넷 옥션, 데이터 입력, 외환거래, 주식 등이 대표적인 예다. 하지만 나의 경험에 비추어보면 쉽게 시작한 일은 대체로 쉽게 끝난다. '일이 있다는 것만으로도 감사해야 해. 무슨 일이든 가리지 말고 해야지'라며 눈앞에 놓인 손쉬운 돈벌이에 뛰어들면 좀처럼 오래 일하지 못한다. 진심으로 하고 싶었던 일이 아니므로 마음이 점점 더 멀어지는 것이다. 그리고 같은 과정을 다시 반복하게 된다.

역시 아무 일이나 해서는 안 된다. 게다가 간단히 할 수 있는 일도 없다. 아니, 있기는 있지만 누구나 금방 할 수 있는 일을 하면 그만큼 보수도 적게 받고 그만큼 다른 사람으로 대체되기도 쉽다.

**손쉬운 돈벌이에 눈이 멀어
진짜 내 일을 놓쳐서는 안 된다.**

장기적인 안목으로 생각해보자. 일단은 무슨 일이든지 열심히 하면서 힘을 비축하거나 경험을 쌓아야 한다. 만약 일거리가 없다면 절약에 힘쓰면서 도움이 될 만한 공부를 해야 한다. 조금씩이라도 물밑에서 발을 내딛는 것이다. 어떤 상황에서도 자신이 할 수 있는 일은 반드시 찾을 수 있을 것이다.

직장 상사였던 S(기혼)는 38세에 회사를 퇴직하고 40세부터 아이를 어린이집에 맡긴 채 전문학교에 다니고 있다. S는 이제 와 학교에 왜 다니냐고 묻자 "앞으로의 긴 인생을 생각하면 지금 공부해두는 편이 좋을 것 같아"라고 말했다.

지인인 M(미혼)은 55세까지 회사에 다니면서 공인중개사 자격증을 따고 경영학을 공부해 60세에 부동산 회사를 개업했다. 3년이 지난 지금은 일이 어느 정도 궤도에 오른 모양이다.

무슨 일을 시작하든 너무 늦은 나이는 없다. 자신이 할 수 있는 일을 곰곰이 생각해보고 새롭게 출발하자.

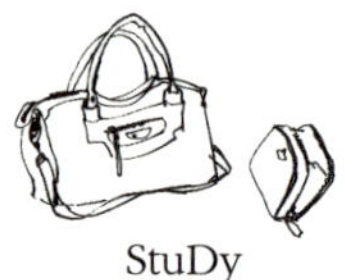

수입은
공부 양에 비례한다

3

변화가 격심한 현대는 한 번 익힌 전문성이나 지식만으로 편히 일할 수 있는 시대가 아니다. 치열한 경쟁에서 살아남을 수 있도록 자유자재로 활용할 수 있는 지식과 기술, 사교력을 끊임없이 개발해야 한다. 게다가 일하는 사람이기 이전에 한 사람의 여성으로서 자신을 갈고닦는 것은 필수다.

평생 공부를 손에서 놓지 말자.

평생 공부라는 말에 부담스러워할 필요는 없다. 사람은 항상 무언가를 배우는 존재이며 향상심을 가지고 능동적으로 배우는 편이 그대로 멈추어 있는 것보다 훨씬 즐겁다. 성장할수록 가능성이 더욱 커지기 때문이다.

물론 공부가 즐겁기만 한 것은 아니다. 공부를 계속하기 위해서는 '성과'를 실감해야 한다. 요령은 다음과 같다.

1 성과를 의식하며 배운다.

성인이 공부를 하는 목적은 '더욱 가치 있는 성과를 올리는 것'이다. 바쁜 시간을 쪼개고 쪼갠 만큼 '이것저것 배웠지만 별로 활용하지 못하고 있는 사태'는 피하고 싶을 것이다. 공부의 양보다도 성과의 질이 중요하다. 성과가 공부의 가치와 재미를 결정하는 것이다. 공부에 앞서 '무엇을 위해 무엇을 배울지'를 명확히 하기 바란다.

2 자신 없는 분야보다 자신 있는 분야에 중점을 둔다.

가능한 한 자신 있는 분야나 관심 있는 분야를 공부한다. 정말 필요하다면 몰라도 '이 정도는 교양으로 익혀둬야지'라며 자신 없는 분야를 공략하는 공부는 별다른 효과가 없다. 그보다는 자신 있는 분야에 더욱 파고들거나 흥미 있는 분야에 도전하는 공부가 재미있을 뿐 아니라 빨리 흡수된다.

3 자신에게 맞는 공부법을 찾는다.

스터디 모임, 학원, 세미나, 인터넷 강의 등 자신에게 맞는 방법을 선택한다. 한 번에 장시간 공부하는 것보다 단시간이라도 매일 공부하는 편이 효과적이다.

4 의욕은 스스로 높인다.

단순하게 표현하면 세상은 '열심히 배우고 노력한다 → 수입과 지위가 올라간다'라는 구조를 가지고 있다. 조금씩이라도 매일 습관적으로 공부하면 돈을 버는 능력이 향상되어 안락한 생활을 즐길 수 있게 된다.

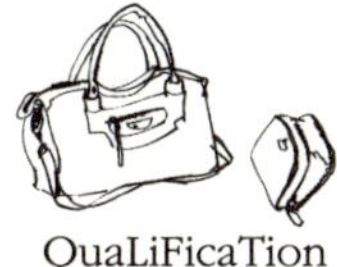

QuaLiFicaTion

필요 없는 자격증은
아무리 많아도 소용없다

4

자격증은 일하는 사람에게 든든한 아군이 된다. 의욕이나 노력을 보여줄 수 있고 이직이나 사내 평판에도 도움이 된다. '어디서든 살아갈 수 있다'는 자신감을 심어주기도 한다.

다만 취미로 자격증을 모으는 경우가 아니라면 '이 자격증은 따기 쉬울 것 같아', '이 자격증은 수요가 많지 않을까'라며 경솔하게 자격증에 도전하는 것은 좋지 않다. 시간도 노력도 돈도 빼앗기는 만큼 투자 대비 효과가 큰 자격증에 도전해야 한다. 의욕이 꺾여서 도중에 포기하거나 결과적으로 활용하지 못하게 되는 경우도 있다. 아무리 열심히 취득했더라도 연관성이 없는 자격증만 가득하다면 '이 사람은 대체 무엇을 하고 싶은 걸까'라고 의아하게 여기는 사람이 많아져서 오히려 나쁜 평가를 받게 되는 경우도 있다. 그러므로 자격증을 효과적으로 활용하기 위한 단계를 밟아야 한다.

1 자격증을 취득하는 목적을 명확히 한다. 자신의 분야와 관련이 있고 전문성을 더욱 높일 수 있는 자격증이 기본이다. '이 자격증이 있으면 도움이 된다'라고 판단되는 자격증도 좋다. 궁극적인 목적은 자격증을 취득하는 것이 아니라 자격증을 이용하여 일을 하는 것이다. 자격증을 취득하려고 하는 이유가 무엇인지 분명히 해두는 것이 중요하다

2 자격증의 가치를 정확히 파악한다. 컴퓨터 활용능력은 1급 이상, 토익TOEIC은 800점 이상이 아니라면 평가조차 제대로 받을 수 없는 것이 현실이다. 고용시장에서 어느 정도의 수요가 있고 어느 정도의 가치가 있는 자격증인지 정확히 조사한 다음에 도전하자.

3 학습 계획을 세운다. 성격과 예산, 난이도를 고려하여 독학을 하든지, 학원을 가든지, 인터넷 강의를 보든지 자신에게 맞는 공부법을 선택하고 시험 날짜를 기준으로 일정과 공부 시간

을 정한다. 흐지부지되지 않도록 신중하게 계획하는 것이 중요하다.

4 자기 자신을 홍보한다. 어렵게 취득한 자격증을 썩히지 않도록 상사나 인사부 직원에게 자격증 취득 사실을 자연스럽게 알리는 게 좋다. 자격증을 이용하여 기획을 하거나 동료를 가르친다. 자격증을 활용하여 회사에 도움을 줄 수 있는 기회를 스스로 만들어내는 게 중요하다.

5 경험을 쌓는다. 사회는 자격증보다 경험을 높이 산다. 자격증을 이용하여 얼마나 경험을 쌓았는지가 무엇보다 중요하다. 더욱 유리한 조건으로 이직하기 위해서는 현재 다니고 있는 직장에서 몇 년 더 인내하는 것도 도움이 된다.

6 매일 복습한다. 자격증만 믿고 태평스럽게 지낼 수는 없다. 항상 새로운 정보를 입수하지 않으면 시대의 흐름을 따라가지 못하기 때문이다. 자격증을 유효하게 사용하기 위해서라도 매일 복습하는 습관을 가져야 한다.

일류처럼 행동하면
나도 일류가 될 수 있다

5

'일류'라고 불리며 수많은 사람들에게 찬사를 받는 대상을 접하는 것은 시야를 넓히고 성과를 거두는 토대가 된다. '일류를 공부하자', '일류가 되자'라며 기를 쓰지 않아도 좋다. 일류가 간직하고 있는 뜨거운 열정과 굳은 신념을 접하는 것만으로도 깊은 감명을 받게 된다.

최고의 품질과 가치를 접하는 것은
드넓은 세계로 뻗어나가는 계기가 된다.

'뛰어난 존재'에 대한 인식이 인생을 결정한다고 해도 과언이 아니다.

나는 '일류란 대체 무엇일까'라는 단순한 호기심으로 널리 알려진 미술관과 박물관, 5성급 호텔, 세계적인 레스토랑 가이드북인 미슐랭 가이드에 실린 레스토랑, 고급 요릿집과 온천을 찾아다녔다. 없는 돈을 쥐어짜야 할 때도 있었지만 그만큼 감동도 컸고 느낀 점도 많았다. 예를 들어 5성급 호텔은 일반 호텔과 어디가 어떻게 다른지, 유명 미술품은 어째서 시대를 뛰어넘어 사람들을 매료시키는지를 깨달았다. 이는 인터넷이나 텔레비전에서 얻을 수 있는 정보가 아니다. 실제로 접해보지 않으면 도저히 알 수 없다.

외국으로 나가거나 많은 돈을 지불하지 않더라도 일류를 접할 기회는 얼마든지 있다. 문학이나 음악을 좋아하는 사람은 서적이나 음반을 구입하면 된다. 적은 비용으로 일류의 예술을 만날 수 있다. 굳이 5성급 호텔에 숙박할 필요도 없다. 라운지에서 차를 마시는 것만으로도 일류의 공간을 만끽할 수 있다. 인테리어는 어떤 분위기를 자아내고 있는지, 음식은 어떤 재료를 사용하고 있는지, 직원들은 어떤 서비스를 제공하고 있는지, 손님들은 어떤 장식품을 몸에 걸치고 있는지를 눈으로 직접 확인할 수 있다. 흘낏흘낏 훔쳐보지 말고 그 자리에 자연스럽게 녹아들면 일류의 감각을 익힐 수 있다.

일류의 파워를 온몸으로 느껴보자. 올림픽이나 월드컵, 야구월드컵WBC, 피겨 그랑프리 시리즈를 통해 국가대표 선수의 경기를 보면 감동을 받는다. '이 세상에는 불굴의 의지로 최고의 성과를 올리는 사람이 있다'는 사실이 이성이 아닌 감성을 자극하고 용기를 주는 것이다. 존경할 만한 저명인사나 경영자의 강연을 듣거나 책을 읽으면서 '이 사람은 어떻게 성공했을지'를 탐색해보는 것도 좋다.

일류는 한 사람의 삶을 바꾸는 파워를 가지고 있다.

책은 성공의 마스터키다

책이란 진실로 고마운 존재다. 한 권의 책에는 한 사람의 저자가 많은 시간과 노력, 돈을 들여 배우고 경험한 수십 년간의 지혜가 담겨 있다. 우리는 책을 통해 국내외의 역사적인 인물이나 성공한 사업가, 위대한 철학자 등 다양한 분야에서 독보적인 위치를 확립하고 있는 전문인들의 눈을 빌려 세상을 바라볼 수 있을 뿐 아니라 훌륭한 정보와 지혜를 자신의 생활과 업무에 활용할 수도 있다.

다만 한 가지 주의해야 할 점이 있다. 책에 담긴 내용을 무조건 받아들이는 것이 아니라 '자신의 머리로 생각해야 한다'는 것이다. 책으로 인해 기분이 상하거나 가치관과 방향성이 흔들리는 경우도 있다. 자신이 부정되는 느낌이 드는 경우도 있다. 하지만 책에 담긴 내용은 '하나의 의견'에 지나지 않는다는 사실을 잊어서는 안 된다. 주체는 어디까지나 자기 자신이다. '이런 삶을 살고 이런 일을 하기 위해서는 어떻게 하면 좋을지 조언을 듣고 싶어!'라는 자세로 책을 읽어야 한다. 책장에 꽂아둔 책은 스승이자 친구가 되어줄 것이다.

책은 얼마만큼 읽었는지가 아니라
얼마만큼 흡수했는지,
얼마만큼 활용했는지가 중요하다.

독서의 목적은 크게 오락, 정보수집, 공부로 나눌 수 있다. 오락을 위한 책은 마음 내키는 대로 읽으면 된다. 정보수집을 위한 책은 필요한 부분만 읽으면 된다. 처음부터 순서대로 읽을 필요도 없다. 원하는 정보를 얻는 것만으로도 충분하다.

다만 공부를 위한 책은 대강 읽어서는 안 된다. 꼼꼼하게, 때로는 쉬엄쉬엄 읽으면서 책과 대화를 나누어야 한다. "그렇게 생각할 수도 있구나", "나라면 이렇게 했을 텐데", "그건 괜찮은 것 같아"라는 식으로 토론을 하거나 "그건 아니지!"라며 반론을 펼쳐도 좋다.

여러 번 반복해서 읽으면 이해도는 더욱 높아진다. 생활이나 업무에 실제로 도움이 되는 내용을 조금이라도 발견할 수 있다면 독서는 대성공이다.

다른 사람과 공유하면 이해도는 15%에서 90%로 상승한다. 취향이 비슷하여 책을 교환하거나 감상을 주고받을 수 있는 친구가 있다면 독서의 효과는 훨씬 커질 것이다. 책을 읽고 느낀 점을 기록으로 남기거나 활용할 만하다고 생각한 내용을 즉시 실천하는 것도 독서의 효과를 높일 수 있는 하나의 방법이다.

만나는 사람 모두가
나의 스승이다

7

지구상에서 가장 단단한 광석인 다이아몬드는 오직 다이아몬드로만 세공할 수 있다. 아무리 거친 원석일지라도 세공을 거치면 눈부시게 빛나는 보석이 된다.

다이아몬드와 마찬가지로 사람도 '사람'만으로 갈고닦을 수 있다.

훌륭한 책이나 그림, 역사적인 인물도 자극이나 깨달음을 주지만 인생을 바꿀 만큼 영향력이 있는 것은 역시 실제로 만나는 사람과의 인연이다.

20대와 30대는 자신을 갈고닦아 깊이를 더하는 시기다. 다른 사람에게 영향을 받고 인생의 목표를 정하거나 일의 기초와 재미를 배우는 것이다. 사람들과 어울리고 부대끼는 동안 다양한 생활방식과 가치관을 알게 되고 자극을 받아서 자신만의 빛을 내게 된다.

세상에는 멋진 사람이 되고 싶다는 의욕을 불러일으키는 사람, 새로운 가치관을 퍼뜨리는 사람, 여러 가지 지식과 정보를 알려주는 사람이 있다. 개중에는 상처를 주는 사람이나 반면교사가 되는 사람도 있지만 그런 사람까지 포함하여 실제로 만난 모든 사람들은 안목을 기르고 인생관을 확립하는 데 도움이 된다. 함께 일하는 동료를 비롯하여 가장 가까이에 있는 사람과의 인연을 소중히 여겨야 한다.

그리고 가능한 한 많은 사람을 만나서 좋은 자극을 받기 바란다. 세대가 다른 사람이나 환경이 다른 사람, 국적이 다른 사람과 같이 일상에서 좀처럼 만날 수 없는 사람에게도 적극적으로 다가가려고 노력하는 것이 좋다. 파티에 참석하는 것도 하나의 방법이지만 세미나나 동호회에 참가하면 공통점이 있는 사람을 만날 수 있으므로 더욱 가까운 관계가 될 수 있다. 또한 처음부터 다른 사람에게 뭔가 받으려고만 하지 말고 다른 사람에게 도움을 주자는 자세로 주는 것부터 시작하면 누구에게나 환영받을 것이다.

평판이 좋은 사람을 만나도 장점을 발견하지 못하고, 가까워지지도 못하고, 아무런 영향도 받지 못하는 경우가 있다. 궁합이 맞지 않았을 수도 있지만 마음을 열지 못한 탓에 그 사람의 진면목을 제대로 보지 못했을 수도 있다. 상대의 이야기를 경청하고 행동을 관찰하면서 '이런 점은 좋네. 나도 따라하고 싶어'라는 열린 마음으로 대하면 호감을 얻을 수 있다. 주변에는 자연히 사람이 모여들 것이다.

"가까이 있는 사람을 기쁘게 하면 멀리 있는 사람이 찾아온다."

공자의 말을 기억해라.

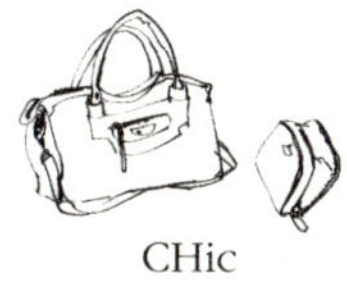

CHic

덧셈보다 뺄셈의 미학을 추구하라

채용 담당자로서 천 명이 넘는 지원자를 면접한 적이 있다. 면접을 진행하는 동안 상대의 내면이 훤히 들여다보이는 느낌을 받았다.

20대 전반까지의 지원자는 그다지 차이가 없었지만 지원자가 20대 후반인 경우에는 첫인상과 몇 마디 대화만으로 성격은 물론이고 지성, 교양, 생활 수준, 실력이 있는지 없는지, 운이 좋은지 나쁜지까지도 판단할 수 있었다. 지원자가 30대인 경우에는 삶에 대한 태도와 살아가는 방식까지 알 수 있었다. 외모에는 그 사람의 모든 것이 담겨 있다.

외모로 평가한다는 오해는 하지 않기 바란다. 여기서 말하는 외모란 이목구비만이 아니라 표정, 동작, 말투, 패션을 통틀어 그 사람이 간직하고 있는 전체적인 분위기를 뜻한다. 나이를 먹을수록 그 사람이 가진 자질은 외모에 더욱 뚜렷하게 드러난다.

그러므로 '내면부터 갈고닦아야 한다'는 주장만 되풀이할 수는 없다. 내면을 갈고닦는 것은 외모를 갈고닦는 것보다 시간도 더 들고 정성도 더 들기 때문이다. 우선은 외모부터 가꾸기 바란다. 내면과 외모는 서로 연결되어 있으므로 외모를 갈고닦으면 내면도 그에 어울리게 바뀐다. 자신감이 솟아나면서 표정, 자세, 말투까지 달라질 수 있다.

세월이 흐를수록 멋이 우러나는 사람들은 자신의 개성을 알고 있다는 공통점을 가지고 있다. 개성과 조화를 이루는 차림새가 좋은 인상을 준다. 나이가 어릴 때는 유행을 따르거나 친구를 따라하는 경우가 많으므로 다들 비슷하게 보이지만 나이가 많을 때는 개성이 두드러져 보인다. TPO(시간, 장소, 상황)가 맞고 자신의 개성에 어울리는 패션과 헤어스타일, 메이크업을 선택하기 바란다.

**자신에게 어울리는 색상을 파악하고
신장, 체형, 인상을 고려하여 의상을
고르는 것만으로도 훨씬 아름다워질 수 있다.**

혼자 거울이나 사진을 보고 연구하는 것도 좋지만 멋을 아는 믿음직한 친구에게 객관적인 조언을 받는 것이 더욱 좋다.

Simple is the best. 결국 메이크업이든 의상이든 액세서리이든 어수선하게 꾸미지 않은 단순한 차림새가 가장 돋보이고 가장 세련되어 보인다.

성인이라면 '세련미'를 내세워야 한다.

이제부터 덧셈보다 뺄셈의 미학을 추구해보면 어떨까.

나는 세상에서
제일 아름다운 여배우다

'외모가 인상을 좌우한다'는 말은 명백한 진실이다. 시각적인 정보가 인상에 결정적인 영향을 준다.

누구든지 인상이 좋은 사람과 함께 일을 하고 싶어 하고 대화를 나누고 싶어 한다.

**외모를 가꾸는 것이야말로
가장 효율적인 투자다.**

다만 패션이나 메이크업에 아무리 많은 돈을 들이더라도 '표정'과 '자세', '동작'에 기품이 없다면 어딘가 어색하게 보인다.

물론 기품은 금방 손에 넣을 수 있는 것이 아니지만 여배우가 된 기분으로 연기를 하면 최대한 빨리 손에 넣을 수 있다.

'카리스마 있으면서 상냥한 리더', '당당하고 지적인 커리어 우먼'과 같이 자신이 원하는 모습을 머릿속에 그려보기 바란다. '사장으로 근무하는 모습', '예쁜 가게에서 즐겁게 일하는 모습', '후배를 지도하는 모습'과 같이 이미 이상을 실현한 모습을 상상해보는 것도 도움이 된다. 저명인사나 소설의 등장인물을 모델로 삼아도 좋다. 배역이 정해졌다면 이제 연기에 몰입한다.

처음에는 시늉이나 허세에 불과할지라도 머지않아 몸에 밴다. '목표를 이룬 사람'처럼 행동하는 사이에 자연히 목표가 이루어질 것이다. 믿기 어렵겠지만 일단 시도만이라도 해보자.

성인 여성이 반드시 지켜야 하는 최소한의 주의사항은 다음과 같다.

* 표정 …… 긍정적인 감정은 적극적으로 표현하고 부정적인 감정은 가급적 드러내지 않는다. 자신도 행복해지고 주위사람도 행복해지도록 미소를 잃지 않는다. 입만 웃지 말고 눈도 웃는다.

* 자세 …… 머리카락이 위로 당겨지고 있는 것처럼 등을 곧게 편다. 서 있을 때는 턱을 가볍게 당긴다. 걸어갈 때는 조금 먼

곳의 위쪽을 바라보듯이 시원하게 발을 옮긴다. 앉아 있을 때는 무릎을 붙인다. 누가 부르거나 인사를 할 때는 동작을 멈추고 얼굴만이 아니라 몸 전체로 돌아본다.

＊동작 …… '털썩', '쿵'과 같은 잡음을 내지 않는다. 동작이 완전히 끝날 때까지 주의를 잃지 않는다. 무언가를 가리킬 때는 손가락이 아니라 손 전체를 사용한다. 물건을 건넬 때는 상대방과 눈을 맞추고 두 손을 사용한다.

MaNneR

감동을 주는
비즈니스 매너를 갖춰라

인사, 경어, 전화응대, 몸가짐, 손님응대. 접대는 사회인이 된 후 1, 2년 사이에 익혀야 하는 비즈니스 매너다.

레스토랑에서 회식을 하는데 신입사원이 냉큼 상석에 앉았다고 가정해보자.

상사 : 이봐, 거긴 가장 높은 사람이 앉는 자리잖아! 부모님이 안 가르쳐주셨나?

신입사원 : 죄송합니다. 몰랐어요. 주의하겠습니다!

20대 초반이라면 귀엽기라도 하다. 하지만 20대 후반이 이런 행동을 한다면 '싹수가 노랗다'거나 '상식이 없다'라는 혹평을 받게 된다.

비즈니스 매너는 교통법규와 같다. 규칙을 준수하면 만사가 순조롭게 풀린다. '저 사람은 싫으니까 인사하지 않을 거야', '존경하지 않는 사람이니까 경어를 쓸 필요가 없어'라며 마음 내키는 대로 행동하면 인간관계를 원만하게 유지할 수 없게 되어 업무가 원활하게 진척되지 않는다.

"동양의 매너는 너무 엄격해요"라고 말하는 서양인이 종종 있듯이 동양인은 본래 상하관계와 상호관계를 매우 중시하므로 예의범절에 민감하다.

**매너는 경의를 표하는 방식이자
원만한 인간관계를 유지하는 지혜다.**

사람은 대부분 겉과 속이 다르다. '겉치레는 나쁘니까 속마음을 있는 그대로 보여줘야 해'라고 생각하는 사람도 있겠지만 겉과 속이 다른 사람이 많기 때문에 세상이 제대로 굴러가고 있는 것은 아닐까.

예를 들어 친구의 연인을 보고 '응? 멋있다고 자랑하더니 별로네'라는 생각이 들었다면 어떻게 해야 할까. 겉치레라도 "와! 멋

있다"라고 말해준다면 친구는 몹시 기뻐할 것이다. 하지만 솔직하게 말한다면 기분이 상한 친구가 절교를 선언할지도 모른다. 친구가 이 정도라면 상사나 동료는 오죽할까. 따라서 마음에도 없는 말을 했다고 해서 죄책감을 가질 필요는 없다.

자신만의 방법으로 상대를 자연스럽게 배려하는 여성이 있다. 손님을 안내할 때는 자연스럽게 말을 건네거나 적당한 타이밍으로 차를 따라준다. 이처럼 상대의 기분이나 상황에 민감하게 대응할 수 있는 사람이 진정으로 매너가 좋은 사람이다. 미소를 짓고 우아하게 움직인다면 호감은 더욱 커질 것이다.

일하는 여자 인생의
끝없는 불안을 즐기는 법

결혼, 육아, 내 집 마련과 같은 사적인 일을 처리하는 것은 일하는 여성이 안고 있는 또 하나의 어려운 과제다.

우선은 결혼에 대해 생각해보자. 지금 내 주변에도 열심히 배우자를 찾고 있는 20대에서 60대까지 폭넓은 연령대의 여성들이 있다. 개중에는 천 명이 넘는 남자를 만나봤지만 마음에 드는 사람이 없었다는 여성도 있다. 자신에게 맞는 사람을 찾기란 그만큼 어려운 일이다.

"아, 독신으로 산다는 건 정말 외로운 일이야. 할 수만 있다면 지금 당장이라도 결혼하고 싶어"라고 탄식하는 여성들은 자신만의 왕자님이 찾아와주기를 가만히 기다리고만 있다.

기왕이면 기다리는 시간을 즐겨보는 것이 어떨까. 연인이든 배우자든 마음껏 골라보는 것이다. 지금부터 선택할 수 있다니 꿈만 같은 일이 아닐까?

나는 독신 중에도 고참이다. 자유로운 시간이 많은 만큼 세계 일주를 떠나기도 하고, 장기간 외국에 머물기도 하고, 훌쩍 이삿짐을 꾸리기도 하고, 이런저런 사람들을 만나기도 하고, 새로운 도전에 나서기도 한다.

기혼인 친구들은 그런 나를 부러워한다.

"좋겠다. 나도 너처럼 실컷 즐기고 싶어. 돈도 마음대로 쓰고."

하지만 결혼이나 육아도 멋진 일이다. 더할 나위 없이 재미있는 일이 될 수 있다.

자신이 처한 상황을
얼마나 즐길 수 있는지가 관건이다.

독신일 때는 외로워서 싫고 결혼을 하면 남편과 아이를 둘러싼 문제가 앞을 가로막는다. 맞벌이를 하는 여성들 대부분은 '아이와 많은 시간을 보내지 못해서 미안하다'는 죄책감을 느낀다. 하지만 엄마가 행복해야 아이도 행복하다는 사실을 기억하기 바란다.

남편의 협력은 필수다. 도움을 받을 수 있는 부분은 기어코 받아야 한다. 그러기 위해서는 가능한 한 부부끼리 대화를 많이 하고 고마운 마음을 자주 표현해야 한다. 이러한 기본적인 요령만 알아도 된다.

결혼 여부와 상관없이 대부분의 사람들은 집을 구입하고 싶어 한다. 하지만 경제적으로 여유가 있다면 몰라도 만기가 20~30년이 넘는 장기 대출을 받아야 한다면 집을 갖는 문제를 고려할 필요가 있다. 그렇지 않아도 최근 "월급이 줄어 대출이자를 내지 못하고 있어요", "회사를 그만두고 싶지만 대출을 생각하면 도저히 그만둘 수가 없어요", "대출 때문에 이혼도 못해요"라고 하소연하는 사람이 많다. 애초에 집을 구입하려는 목적은 행복하게 살기 위해서다. 분수에 맞지 않는 집에 살면서 고통을 감내할 필요는 없다. 편히 몸을 누일 수 있는 집이라면 충분하다.

지갑에서 나가는
돈에 감사한다

12

'돈과 어떻게 친해지는가'는 '인생을 어떻게 보내는가'에 필적할 만큼 중요한 문제다. 안타깝게도 돈과 친하지 않은 탓에 아무리 열심히 일해도 돈이 모자라거나 돈을 둘러싼 다툼이 끊이지 않거나 술과 쇼핑, 도박에 돈을 날리는 사람이 있다. 한편, 돈과 친한 덕에 돈을 이용하여 자신의 꿈이나 목표를 실현하거나 적은 돈으로도 풍요롭게 생활하는 사람도 있다. 다시 말해 돈에 지배되는 사람과 돈을 지배하는 사람이 있다.

본래 돈은 사람에게 기쁨과 행복을 주기 위해 존재한다. 돈이 많을수록 인생의 가능성과 선택의 폭이 넓어진다. 만약 '돈 따위는 없어도 된다’, ‘돈이 불행을 몰고 온다’는 부정적인 생각을 하는 사람이 있다면 돈과 친해질 수 없다. 이는 교제와 같다. 상대방을 무시하거나 싫어하면 상대방과 결코 친해질 수 없다.

돈을 신뢰해야 한다.
돈은 거짓말을 하지 않는 정직한 존재다.

‘노동의 질×양＝보수’라는 공식은 어디서나 대체로 공정하게 성립된다.

어떤 생활을 하고 얼마만큼의 돈을 벌어야 할까? 매월 얼마를 사용하고 얼마를 저축할까? 자신다운 인생을 머릿속에 그려보기 바란다. ‘돈이 얼마나 있는가’보다 ‘돈을 어떻게 사용하는가’가 중요하다.

돈과 친해지기 위해서는 다음과 같은 돈의 성질을 알아두어야 한다.

* “돈은 천하를 돌고 돈다”라는 말이 있듯이 돈은 들어오기도 하고 나가기도 한다. (돈을 잃었다고 해서 비관할 필요는 없다!)
* 돈이 많은 곳에는 돈이 더욱 쌓이고 돈이 적은 곳에는 돈이 더욱 줄어든다.
* 돈을 사용하는 방법에 따라 돈의 가치가 결정된다.

* 돈을 사용하는 방법은 유전遺傳되기도 쉽고 고정되기도 쉽다.

저축도 돈을 사용하는 하나의 방법이다. 하지만 돈의 본분은 인간에게 즐거움을 주는 것이다. 인간에게 즐거움을 주어야만 비로소 돈이다. 쓸데없는 일에 사용해서는 안 된다. 정말로 기분 좋은 일이나 가치 있는 일에 사용하여 돈도 행복하고 우리도 행복한 '윈-윈 관계'가 된다면 돈의 사랑을 받을 수 있다.

돈을 소중한 친구로 대해야 한다. 우선 사용하기 편리한 지갑을 산다. 안을 깔끔하게 정리하고 들고 다니는 현금을 파악해둔다. 그리고 돈이 지갑에서 나갈 때 "아, 또 사라지네"라고 한탄할 게 아니라 "고마워!"라고 인사한다.

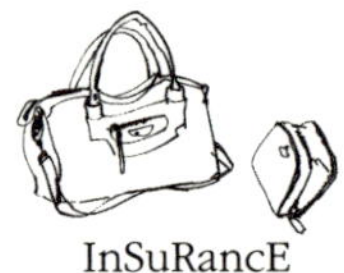

정기검진과
생명보험은 필수

평소에는 체력이 떨어졌다는 느낌을 거의 받지 않지만 가끔 '몸의 느린 반응'에 나도 나이가 들었구나 하는 생각이 든다.

심한 운동이나 철야를 하면 3일 후 어김없이 피로가 오고, 일광욕을 하면 3주 후에 피부가 벗겨지기 시작한다. 참고로 띠동갑 연하인 지인은 일광욕을 하면 1주일 후에 피부가 벗겨지기 시작한다고 한다. 하소연을 하는 것이 아니다. 어디까지나 솔직한 이야기를 하는 것이다. 나이에 따른 변화를 자연스럽게 받아들이면서 나의 몸과 함께하고 싶을 뿐이다.

20대와 30대에 편식이나 폭음, 폭식, 잦은 과로로 40대 이후

체력이 저하되는 경우들을 종종 목격했다. 그러므로 '균형 잡힌 식사', '충분한 수면', '적당한 운동'을 통해 기초체력을 다져 '저력 있는 여자'가 되기 바란다. 건강이 나쁘면 일도 잘 할 수 없고 생활도 잘 할 수 없다. 그야말로 '몸이 자산'이다. 자신의 몸은 자신이 지켜야 한다. 신뢰할 만한 주치의를 두는 것도 좋다. 걸리기 쉬운 질병이나 체질을 정확히 판단해 상담에 응해주므로 여러모로 든든하다.

최근 30대 후반에서 자궁질환이나 유방암과 같은 부인병에 걸리는 사람이 급증하고 있다. 부인과에서 초음파 검사를 실시하면 4명 중 1명의 비율로 자궁근종과 같은 이상이 발견된다고 한다. 회사에 근무한다면 연 1회 정기검진을 받으면서 부인과 검진을 함께 받기 바란다. 또한 회사에 근무하지 않는다면 의료보험공단에서 실시하는 검진을 받으면서 부인과 검진을 함께 받기 바란다.

20대 중에는 금전적으로 부담이 되거나 주위의 시선이 곱지 않다는 이유로 부인과 검진을 생략하는 사람이 많지만 이는 결코 바람직한 행동이 아니다. 부인과 질환은 자신도 모르는 사이에 진행되고 있는 경우가 많다. 조기에 발견하면 쉽게 치료할 수 있는 병이기도 하므로 반드시 검진을 받기 바란다.

아무리 주의를 기울이더라도 걸릴 때는 걸리고 마는 것이 병이다.

**병에 대처하기 위해 필요한 것이 바로
생명보험과 상해보험이다.**

장기간 입원으로 일을 할 수 없게 되면 즉시 생활에 어려움이 생긴다. 가족의 형태와 라이프스타일에 알맞은 보험을 선택하고 정기적으로 점검하기 바란다.

지나치게 예민해질 필요는 없지만 수시로 자신의 몸이 어떤 상태인지, 어떤 것을 원하고 있는지 주의 깊게 관찰해보자. 자신의 몸을 속이거나 욕심을 부리지 말아야 한다. 평생을 함께할 소중하고도 소중한 친구이기 때문이다.

혼자 있는 30분이
큰 차이를 낳는다

"행복해지기 위해서는 무엇이 필요할까요?"라는 질문을 받을 때면 다음의 네 가지 요소가 떠오른다. 순서는 중요하지 않다.

1 일

2 생활 (가족이나 연인, 친구와의 인간관계도 포함)

3 건강

4 돈

일의 기초를 다질 때나 돈이 궁할 때와 같이 네 가지 요소의 균형이 흐트러지는 시기가 분명 있다. 하지만 궁극적으로는 누구나 네 가지 요소가 골고루 충족되기를 바란다. 물론 '일은 별로 중요하지 않다', '돈은 행복과 별 상관이 없다'고 생각하는 사람도 있으므로 이 네 요소가 행복에서 차지하는 비율은 각각 다르다. 하지만 하루 중에 가장 많은 시간을 할애하며 다른 사람에게도 도움이 되는 일을 소홀히 한다면 절대로 행복해질 수 없고, 일정 수준 이상의 돈이 없다면 만족스러운 생활을 할 수 없다는 것은 엄연한 사실이다.

충실한 인생을 살기 위해서는 충실한 생활이 필수다. 긴장을 풀고 편히 쉴 수 있는 시간은 집중력을 높인다. 또한 가족이나 연인, 친구는 의욕을 불어넣어준다. 다른 사람을 만나고 정보를 교환하고 공부를 하고 즐거움을 찾고 자신을 갈고닦는 사적인 시간이 일을 잘하기 위한 토대가 된다. 직장과 가정 이외에 동호회나 단골집과 같은 제삼의 거처를 마련해두는 것도 좋다. 일상에서 벗어나 자신을 객관적으로 돌아보고 신선한 감각을 되살릴 수 있기 때문이다. 일이나 가정에 문제가 생길 때는 안식처가 되어주기도 한다.

일만 하는 것이 아니라 생활이나 취미도 즐기는 사람은 매력적이다. 기분 좋은 자신만의 라이프스타일을 가지면 만족도는 한층 높아질 것이다.

가족이나 연인, 친구와 함께하는 시간도
소중하지만 '혼자 있는 시간'이 더 중요하다.

가족이 있어서 혼자 있을 수 없는 사람이나 바쁜 사람일수록 혼자만의 시간을 더욱 소중히 여겨야 한다. 목욕을 하거나 출퇴근 하는 시간을 이용하여 하루 30분만이라도 자신과 대화를 나누기 바란다. 행복해질 수 있는 새로운 아이디어가 분명히 솟아날 것이다.

'일하는 여자'에게는 자신과 마주하고 자신을 사랑할 시간이 필요한 법이다.

제3장
여자의 인생은 일로 완성된다

일단 시작한 일은 온힘을 다해 한다.

중간에 힘든 가시밭길이 펼쳐질지라도 멋지고 강하게 일을 해내야 한다.

자신감 있는 여자야말로 가장 아름답다.

ThReE

일단 시작한 일은 3년은 기본

조금 가혹한 이야기일지도 모르겠다. 사회에서는 3년 이상의 경력이 없으면 프로로 인정받을 수 없다. 직종에 따라 다르기는 하지만 1년차는 일을 조금 해본 정도, 2년차는 일에 익숙해진 정도, 3년차에 이르러야 겨우 실력을 발휘할 수 있다고 평가되기 때문이다. 즉 '실력이 붙는 데는 3년이 걸린다'는 것이 정설이다. 아마도 경력직 면접에서 그런 말을 들어본 사람이 많을 것이다.

일을 자주 그만두었다면 채용시 장점이 되기보다는 '또 금방 그만두지 않을까'라는 점에서도 불신감을 준다.

하지만 반대로 한 직장에서 3년 이상의 경력이 있는 사람이라면 어느 정도 실력을 인정받을 수 있다. 따라서 '고생 끝에 낙이 온다'라는 말이 있듯이 믿고 수행하는 자세로 일하는 것도 좋다. 지금 당장 경력에는 도움이 되지 않을지 모르지만 월급을 받으면서 연수를 할 수 있다고 생각하면 고마운 일이 아닐까?

개중에는 '시간을 낭비하고 있는 게 아닐까'라며 조바심을 느끼거나 '어차피 그만둘 거 일찍 그만두는 게 낫지 않을까'라며 결정을 서두르는 사람도 있을 것이다.

마음은 충분히 이해한다. 나도 그런 생각을 수도 없이 했다. 그렇기 때문에 말할 수 있다.

"포기하는 습관을 들이면 안 된다."

3년 넘게 한 일이 하나라도 있어야 한다. 그렇게 꾹 참고 견디면 3년 후 "저는 이런 일을 할 수 있습니다!"라고 말할 수 있기 때문이다. 이는 큰 자신감이 된다. 설령 틀에 박힌 업무라고 해도 상사에게 혼나면서 배우고 고생한 경험은 반드시 삶의 양식이 되고 미래를 위한 밑거름이 될 것이다. 대외적으로 그럴듯한 실적을 내세울 수 있는 것은 물론이고 인간적으로도 크게 성장할 수 있다.

다만 판매직, 영업직, 사무직은 다른 직업을 찾는 데 그다지 유리하지 않은 직종이다. 그렇기 때문에 더욱 실력이 중요하다. 3년 동안 그저 시간을 보내는 것이 아니라 "역시 대단해"라는 찬사가 절로 나올 만한 실력을 쌓기 바란다. 판매직이나 영업직이라면 '100명 중 2위의 성적을 거두었다', '1개월간 200대를 팔았다'는 식의 우수한 실적을 달성하고, 사무직이라면 어느 직장에나 통용되는 유용한 기술을 익혀두는 것이 좋다.

'할 때는 한다'는 사실을 몸소 증명하고 자신감을 얻기 위해서라도 온힘을 다할 필요가 있다.

자신의 가치를
정하는 것은 타인

'이렇게 열심히 일하고 있는데 어째서 상사는 인정해주지 않는 걸까.'

안타깝게도 주위사람에게 자신의 가치를 제대로 인정받지 못하는 사람이 있다. 자신을 부정당한 괴로움이 크겠지만 그럴 때일수록 냉정하게 자신을 되돌아보고 원인을 찾아봐야 한다.

'뭐가 문제일까'라고 고민해봐야 한다. 자신에 대한 평가를 내리는 사람은 자신이 아니라 타인이다. 주위사람의 태도에 자신의 모습이 투영되고 있는 것이다.

'나는 충분히 잘하고 있어. 좋은 성과도 올리고 있어'라고 생각하더라도 좋은 평가를 받지 못한다면 무언가 문제가 있다고 생각해도 좋다. 독선적인 인상을 준다든지 미처 깨닫지 못한 부족한 점이 있을지도 모른다.

겸허하게 생각해보기 바란다. 도저히 이유를 모르겠다면 상사에게 "기대에 부응하고 싶습니다. 어떻게 하면 좋을지 알려주시기 바랍니다"라고 솔직하게 물어보는 것도 좋다.

언젠가 인사 담당자에게 "스스로 내리는 평가가 높은 사람일수록 상사가 내리는 평가가 낮고, 스스로 내리는 평가가 낮은 사람일수록 상사가 내리는 평가가 높다"라는 말을 들은 적이 있다.

자신의 능력에 만족하면 성장할 수 없다.

자신이 서 있는 위치보다 조금 높은 곳에 목표를 두어야 자기 성장이 가능하다. '나는 아직 부족한 점이 많아. 하지만 언젠가 목표를 이루고 말 거야'라며 적극적으로 나아가야 한다.

또한 자신은 이 분야에서 어느 정도의 수준인지, 회사는 자신에게 어느 정도의 돈을 지불해주고자 하는지와 같은 자신의 시장 가치도 냉정하게 파악해두어야 한다. 과대평가도 아니고 과소평가도 아니다. 객관적이고도 신랄하게 평가하는 것이다. '내가 경영자라면 나를 채용할까?', '나는 나에게 얼마만큼의 월급을 지불할까?'라는 고민을 해보면 도움이 된다.

물론 정당하지 않다고 느껴지는 평가나 수입도 있을 것이다. '내가 일을 더 잘하는데도 남성만 우대한다', '정사원보다 수익을 더 많이 내고 있는데도 계약사원이라는 이유로 급여가 적다'는 등의 억울한 경우다. 하지만 평가라는 것은 성과에만 좌우되는 것이 아니다. 정규직, 비정규직과 같은 신분의 차이로 수입에 격차가 생기는 것은 물론이고 심지어 남성, 여성이라는 성별을 중시하는 직종이 있는 것도 사실이다.

아무리 억울하더라도 각각의 장소마다 평가하는 방식이 다른 것은 어쩔 수 없는 현실이다. 중요한 것은 '무엇을 원하고 있는가'라는 상대의 의중을 정확히 이해하고 '나는 어떻게 해야 할까'라는 의문에 답하면서 움직이는 것이다.

ExpEct

상대의 기대치를 조금만 넘겨준다

프리랜서는 기대치를 넘기지 못하면 더 이상 일을 받을 수 없다. 기대치대로, 즉 지시대로 일하는 사람은 얼마든지 있다. 그러므로 진지하게 고민해볼 필요가 있다. '상대는 어느 정도를 원하는 걸까'라며 기대치를 파악하고 그 수준 이상이 되기 위한 작전을 짜는 것이다. 훨씬 웃돌게 일을 해낸다면 더욱 좋겠지만 매번 더 잘하려고 하면 힘에 부치게 된다.

게다가 조금만 더 잘해도 충분히 감동을 이끌어낼 수 있다. 다른 사람에게 좋은 평가를 받기 위해 특별한 노력을 기울일 필요는 없다. '나에 대한 기대를 저버리지 않기 위해 최선을 다한다'는 자세를 가지면 부담을 줄일 수 있고 다른 사람과의 신뢰관계도 구축할 수 있다.

여기서 중요한 것은 상대의 기대를 정확히 파악해두는 일이다. 파악하기 힘들다면 "이렇게 하면 되나요?"라고 확인하듯이 물어 보면 좋다. "끈질기다"는 말을 듣더라도 나중에 "뭘 모르는군"이 라는 말을 듣는 것보다는 훨씬 낫다. 평소의 잡담이나 행동을 통 해 '상대가 기뻐하는 일', '상대가 고집하고 있는 부분'을 파악하 고 이를 일에 도입하여 부가가치를 만들어내면 새로운 감동을 이 끌어낼 수 있다. '기대도 하지 않았다'며 기뻐한다면 대성공이다. 다만 의욕이 지나치면 상대의 의향에서 멀어지거나 '그건 부탁하 지 않았다'며 불쾌하게 느낄 수도 있으므로 독선을 버리고 어디 까지나 상대 중심으로 일을 해야 한다.

**고객의 의향을 반영하고
만족시키는 것이 바로 일이다.**

이러한 감각은 조직 안에서 일하는 사람에게도 중요하다. 예를 들어 상사에게 프레젠테이션을 준비하라는 지시를 받았을 경우 를 떠올려보자. 상사의 평소 일 시키는 성향을 파악하여 무엇을 원하고 있는지 추측할 수 있다면 트집을 잡히지 않을 정도로 할 지, 가능한 한 완성도를 높일지, 서류를 정리하는 일까지 공을 들일지, 최대한 빨리 제출할지, 솔깃한 제안까지 덧붙일지 적절하게 선택할 수 있을 것이다.

일을 부탁하는 모든 사람을 고객이라고 생각하고 무슨 일을 하든지 열심히 하기 바란다. 작은 일일수록 성의를 다해 보답하면 굳은 신뢰와 큰 기회를 얻게 된다. 적당히 하려는 사람에게는 언제까지나 '적당한 일'밖에 주어지지 않는다. '조금만 더 잘해보자'라는 자세를 가지고 일을 한다면 작은 성과가 쌓이고 쌓여 어느샌가 이전에 있던 곳에서 멀리 떠나왔다는 사실을 깨닫게 될 것이다. 인생도 이와 마찬가지가 아닐까.

당연한 일은 당연하게 해낸다

'나는 너무 평범해서 내세울 만한 장점이 하나도 없어'라고 생각하는 사람이 있다. 하지만 이러한 평범함이야말로 사회가 필요로 하는 재능이다.

평범하다는 표현은 다소 애매하다. "평범한 사람은 되기 싫어"라는 불평을 들으면 평범한 사람을 대체 무슨 뜻으로 사용했는지 정확히 파악하기가 힘들다.

하지만 긍정적으로 생각하면 '평범한 감각'이란 대다수의 사람이 가지고 있는 감각을 가리킨다. 평범한 사람을 보면 안심이 된다. 평범한 사람과는 감정을 공유할 수 있으므로 마음이 편해진다. 반대로 성격이 극단적이거나 특수한 상황에 놓여 평범한 감각을 잃어버린 사람을 보면 이해할 수 없다며 멀리하게 된다.

평범한 감각은 그대로 내버려두면 마비가 되는 법이다. 따라서 익숙한 장소에서 벗어나 보는 것이 좋다. 다른 사람의 기분에 동화되거나 재미있는 영화를 보고 웃거나 예쁜 꽃을 보고 감동하면서 감수성을 기르려고 노력하면 자신이 본래 가지고 있는 감각을 신선하게 유지할 수 있다.

평범한 감각을 지닌 균형 잡힌 사람은 전문적인 분야에도 어울리지만 모두를 이끄는 리더와 같은 역할에도 어울린다. 다른 사람의 기분을 이해하거나 능력을 이끌어내어 커다란 성과를 올릴 수 있다. 부주의하지 않으므로 총무나 인사에도 적당하다. 영업에도 힘차게 밀어붙이는 사람보다 평범한 사람이 유리하다고 한다. 안심이 되기 때문이다. 평범한 감각을 지닌 사람은 무엇이든 할 수 있다.

아침마다 활기찬 인사를 건넬 수 있고 답신 전화를 즉시 걸 수 있고 대접을 받으면 바로 답례할 수 있고 연장자의 체면을 세워주고 보고와 연락, 상담을 능숙하게 할 수 있는 사람이 좋다.

**당연한 일을 당연하게 할 수 있는 사람일수록
좋은 대우를 받는다.**

일은 대부분 당연한 일로 이루어져 있다. 당연한 일을 할 수 없는 사람에게 실망하는 이유가 여기에 있다. 특별한 기획력이나 뛰어난 리더십이 없어도 일상적인 업무에 정성을 다하는 사람은 누구에게나 사랑을 받고 굳은 신뢰를 얻는다. 반대로 아무리 우수한 능력이 있어도 당연한 일을 하지 못하는 사람은 신뢰를 얻을 수 없다. '당연히 갖추어야 할 기초적인 능력'이 있어야만 자신만의 방식도 개성도 빛나는 법이다.

'평범한 감각을 지녔다', '당연한 일을 할 수 있다'는 것이야말로 커다란 장점이며 어디에나 통용될 수 있는 기술이라는 사실을 잊지 말기 바란다.

AcTioN

즉시 움직이고 즉시 행동한다

5

일을 잘하는 사람, 성공한 사람은 대부분 성급하다. 금방 움직이는 사람이다. 다른 사람에게 묻고 싶은 질문이 있으면 금방 전화하고 필요한 물건이 있으면 금방 주문하고 가고 싶은 가게가 있으면 금방 예약하고 머릿속에 떠오른 아이디어는 바로바로 실행한다. 결코 미루는 법이 없다.

금방 달성하지 못하는 중대한 과제라도 그 과제를 달성하기 위해 무엇이든 행동을 취한다. 움직이고 있으면 정보와 기회도 모이고 '이건 할 수 있겠다', '더 좋은 방법을 찾았다', '그만두는 편이 좋겠네'라는 식으로 도움이 되는 정보를 얻게 되는 법이다.

단, 한 발을 내밀지 못하고 주저하거나 머리만 굴리고 있는 데
는 여러 이유가 있을 것이다. 불안, 성가심, 정신적 부담, 주위에
대한 배려 등이다.

걱정하는 것보다는 행동하는 것이 쉽다.

아이디어는 행동에서 나온다. 이런저런 고민을 하는 것보다 행
동하는 편이 마음도 편하다. 이런저런 핑계를 대며 좀처럼 움직
이지 않는 사람을 위해 즉시 행동에 나설 수 있는 방법을 전수하
고 싶다.

1 직감으로 결론을 내린다.

2 결론을 내리기 어렵다면 고민하는 기한을 정한다. (가능한 한
   짧게 정한다.)

3 '우선은 이것만 하자', '잠깐만 해보자'라는 마음으로 부담이
   적은 쉬운 일부터 시작한다.

4 움직이려고 할 때 '나는 할 수 있다!', '좋아, 출발!', '간단해'
   라는 식으로 자신만의 주문을 만든다.

5 불안을 조장하는 요소가 있다면 철저히 조사하여 없앤다. (대
   부분의 불안은 나쁜 망상에 의해 생긴다.)

특히 다른 사람에게 부탁받은 일, 다른 사람과 함께 하는 일과

같이 다른 사람이 얽힌 일은 즉시 움직여야 한다. 아무리 바빠도 다른 사람과의 관계를 우선시하는 사람은 신뢰를 받게 된다. 또한 싫어하는 일일수록 빨리 하는 편이 좋다. 싫어하는 일을 하는 것보다 싫어하는 일을 방치하고 신경을 쓰고 있는 편이 훨씬 스트레스가 된다. 얼른 정리해버리자.

여하튼 즉시 움직이고 즉시 도전하기 바란다. 잘못되면 다시 시작하면 되고, 넘어지면 다시 일어나서 걸어가면 된다. 행동을 통해 터득한 지혜는 살아가는 데 귀중한 자산이 된다.

준비 8분
일 2분

6

다음 항목 중 당신은 몇 번에 해당되는가?

1 지시받은 일을 할 수 없다.

2 지시받은 일은 할 수 있다.

3 지시를 받지 않은 일도 할 수 있다.

신입사원이라면 대부분 1번에 해당되겠지만 일에 익숙해지면
2번으로 옮겨 가게 된다. 3번으로 옮겨 간다면 좋겠지만 3번으로
는 쉽게 옮겨 가지지가 않는다. 3번에 해당하는 사람이야말로 훌

륭한 능력을 발휘하여 절대적인 신뢰를 얻을 수 있는 사람이다.

미래를 예측하고 준비할 수 있는 사람은 필요한 정보나 사람을 모으고 앞으로 일어날 수 있는 문제를 미연에 방지하기 때문에 일이 순조롭게 진행된다. 원하던 결과를 얻고 싶다면 다음으로 무엇이 필요한지, 어떤 방법이 가장 적합한지, 문제점은 무엇인지 이리저리 궁리해보기 바란다.

예측을 할 수 있다면 자신에게 적합한 속도로 일을 하면서 효율성을 도모하고 시간을 단축할 수도 있다. 반대로 예측을 할 수 없다면 연달아 일어나는 일에 허둥지둥하다가 수세에 몰려 시간과 노력을 헛되이 낭비하게 된다.

**"준비 8분, 일 2분"이라는 말이 있듯이
일의 성과는 준비에 따라 결정된다.**

여기서 말하는 준비란 다름 아닌 상상력이다.

일을 실행하기 위해 준비하는 과정은 다음과 같다.

1 목적을 확인한다.

2 도착점을 머릿속에 그린다.

3 필요한 사항(작업, 확인 사항, 문제점 등)의 목록을 만든다.

4 일정에 포함한다.

5 실행한다.

상상력은 축적된 지식과 경험을 토대로 한다. 일을 통해 지식이나 경험이 늘어나면 더욱 쉽게 상상할 수 있게 된다. 일을 잘하는 사람은 하나를 알려주면 열을 알고 기선을 잡듯이 먼 미래까지 예측한다.

남보다 먼저 행동하고 만반의 준비를 한 채 기다리는 능동적인 업무방식이 기회를 끌어들이지 않을까.

TiMe

시간을
내 편으로 만든다

7

매일 일에 쫓겨 버둥거리는 사이에 하루가 끝나고 만다는 사람이 많다.

분 단위로 일정을 계획하고 움직여도 예상치 못한 지시를 받거나 돌발 사건이 일어나서 이리 뛰고 저리 뛰고 하다가 계획대로 일을 진행하지 못하는 사람도 많다.

**시간에 지배당하지 않고
현재를 즐기는 것이 필요하다.**

바쁘다, 바쁘다 투덜거리지 않고 유쾌한 얼굴로 현재를 즐기는 사람일수록 좋은 성과를 낸다.

다음에서 소개하는 달인들의 태도를 본받아서 시간을 내 편으로 만들기 바란다.

1 낭비를 철저하게 없앤다. 습관이나 관례일 뿐 실제로는 그다지 필요 없는 일도 있다. 하지 않아도 될 일은 전부 제외한다. 작업을 간단하고 두 번 손이 가지 않도록 만드는 방법을 모색한다. 일이 줄어든 만큼 여유를 가지고 발전적인 일에 집중할 수 있다.

2 일을 할 때는 '즉시 한다', '빨리 한다'는 원칙이 기본이다. 주어진 업무 중 5분 이내에 할 수 있는 일은 그 즉시 하고 나머지는 'TO DO 리스트'에 적은 다음에 최대한 빨리 처리한다. 특히 상사에게 지시받은 일은 가능한 한 빨리 마친다. 방치한다고 해서 상황이 좋아지지 않는 일은 바로 즉시 하는 편이 현명하다.

3 시간표에는 최소한의 일정만 적고 상황에 유연하게 대처한다. 시간표에 적어두는 작업은 미팅이나 고정 업무 등 최소한으로 한정하고 나머지 시간 동안은 '오늘의 TO DO 리스트'에서 우선순위가 높은 일부터 매번 시간을 정해 처리한다. 시간을 항상 의식하고 '이 일을 마치는 데 몇 분이 걸리지?'라

며 단위별 시간도 알아두면 리스트에 있는 모든 일을 효율적으로 끝낼 수 있다.

4 아침 일찍 중요한 일을 한다. 하기 싫은 일이나 어려운 일일수록 집중력이 좋은 아침에 처리한다. 마음도 편하고 속도도 빠르다. 피로가 쌓인 오후에는 좋아하는 일을 한다.

5 신속하게 결단을 내린다. 망설이거나 고민하지 말고 그 즉시 일을 처리한다.

6 시간을 정해 집중한다. 이른 아침에는 전화와 메일을 차단하고 기획이나 문서 작성에 몰두한다는 식으로 나름대로 궁리를 짜낸다.

7 짜투리 시간을 활용한다. 전철을 기다리거나 이동하는 시간에 문자를 주고받거나 서류를 훑어보는 등 틈틈이 할 수 있는 일을 한다. 여러 용무로 외출을 해야 할 때는 약속 장소를 가까운 곳으로 하는 등 동선을 최대한 짧게 만든다.

8 정리정돈을 한다. 물건을 찾는 시간만큼 아까운 시간도 없다. 어디에 무엇이 있는지 한눈에 알아볼 수 있도록 정리한다.

9 2~3할 정도 여유가 있는 스케줄을 세운다. 시간의 여유는 마음의 여유다. 특히 회의나 협의의 전후에는 일정을 비워둔다. 돌발적인 일에 대비하기 위해서다.

ToDay

이 일은 무조건
오늘 끝낸다

8

'일을 잘하는 것'과 '일을 빨리 하는 것', 즉 질과 속도는 반비례한다고 생각하는 사람이 많다.

**하지만 뛰어난 여성의 대다수는
단시간 내에 높은 성과를 올린다.**

프리랜서 웹 디자이너 Y는 개인 사정 때문이기는 하지만 하루 3시간만 일하는 것을 원칙으로 한다. 하지만 센스가 뛰어나고 일 정도 잘 맞춰 의뢰가 끊이지 않는다.

편집자 K는 "지금까지 5일 동안 했던 일을 3일 만에 하겠습니다"라고 사장과 합의를 보고 3일 근무제를 실시하면서 자신의 목표를 향해 전진하고 있다.

단시간 내에 이처럼 뛰어난 성과를 낼 수 있는 원동력은 과연 무엇일까. 우선 일하는 시간의 '틀'을 정해둔다는 점을 꼽을 수 있다. 이러한 틀이 없으면 시간을 질질 끌다가 심야까지 잔업을 하거나 집으로 일을 들고 가게 된다. '이 일은 오늘 안에 끝낸다', '주 3일은 잔업을 하지 않는 날로 정한다', '2시간 집중해서 기획서를 완성한다'는 식으로 시간의 틀을 정해두자.

또 하나의 이유는 나름의 독창적인 방법을 고안해낸다는 점이다. 일하는 방식은 무한하다. 정해진 규칙도 없다. 어떤 수단이든 상관없다. 법률이나 도덕에 어긋나지 않으면 된다. 마케팅 회사 영업사원 M은 남자 직원들이 평균 하루 다섯 곳 정도 방문하는 것에 반해, 영업처를 두 군데 정도만 방문하고 남은 시간 동안 전화와 문자 메시지를 통해 영업처가 원하는 양질의 정보를 제공해 최고의 성적을 올렸다.

"주부라서 잔업을 많이 할 수 없으니까 다른 사람과 똑같이 일하면 절대로 최고가 될 수 없다고 생각했어요."

M의 말처럼 고정관념에 사로잡히지 말고 자유로운 발상으로 자신만의 방식을 찾아보자.

또한 근무시간 단축과 같은 무리한 요구라도 회사에 이익이 되고 주위가 이해해주는 윈-윈 전략이라면 실현될 가능성이 있다. 다른 사람보다 빨리 퇴근해야 할 때도 누구나 싫어하는 일을 솔선해서 하거나 "여러분 덕분입니다"라고 주위를 치켜세워주거나 하면 "먼저 실례하겠습니다"라며 기분 좋게 자리에서 일어날 수 있을 것이다. 또한 잔업을 하지 않는 만큼 아침 일찍 출근해 보충하는 것도 좋다.

주의할 점은 개인주의나 성과주의에 치우치지 말아야 한다는 것이다. '결과만 내면 된다'는 자세를 가지면 분위기가 살벌해지고 시기하거나 방해하는 사람이 생겨서 오히려 번거로워진다. 서로 도움을 주고받기 위해서라도 주위사람과의 조화로운 관계를 소중히 여기기 바란다.

OrgAnized

일의 시작은
정리정돈과 청소다

9

일을 시작하기 전에 반드시 갖추어야 할 기술이 있다. 바로 정리정돈과 청소다.

장사가 잘 되지 않는 음식점은 '메뉴에 일관성이 없다', '종업원들의 사이가 나쁘다', '불결하다'는 특징이 있다. 물론 다소 지저분하더라도 인기가 있는 가게가 종종 있다. 하지만 그런 가게라도 주방만은 청결하다. 정성을 들여 맛있는 음식을 만들다 보면 자연히 깨끗해지는 모양이다.

사무실도 마찬가지다. 책상이 엉망진창이고 화장실이 더럽다면, 머리가 복잡해지고 분위기도 흐트러진다.

물건을 찾는 시간이야말로 가장 아까운 시간이다. 업무를 즉시 실행하기 위해서 깔끔한 책상은 필수다.

정리정돈이나 청소를 하면
스트레스가 해소되는 효과가 있다.

'왠지 짜증이 난다'고 느낄 때도 5분간만 책상을 정리하면 기분이 전환된다. 기분도 산뜻해지고 주변도 산뜻해진다면 일석이조가 아닐까.

'정리정돈과 청소'의 간단한 요령은 다음과 같다.

*** 정리정돈**

1 물건을 줄인다. '필요 없다'고 느낄 때마다 버린다. 특히 서류는 최소한으로 만든다. 인터넷에서 찾을 수 있는 자료나 컴퓨터에 보존할 수 있는 자료의 대부분은 종이에 남길 필요가 없다.

2 물건을 두는 장소를 정해둔다. 자주 사용하는 물건은 가까이 두고, 사용한 후에는 바로 제자리에 가져다 놓는다.

3 물건은 가능한 한 책상 위보다 책상 안에 수납하여 작업공간을 최대한 넓게 확보한다.

4 서류는 쌓아두지 않고 파일로 만들어 세로로 세운다. 서류 이

름과 인덱스를 붙여 한눈에 보이도록 만든다.

5 파일은 높이와 표면의 경계선을 고르게 정리한다. '고 → 저',
'대 → 소', '기본 → 상세'의 순으로 정리한다.

6 자리를 떠날 때나 퇴근할 때는 반드시 주변 정리를 하도록
한다.

*** 청소**

1 화장실이나 주방과 같이 물을 사용하는 장소와 현관에 중점을
둔다. 수돗물을 사용한 후에는 반드시 물이 튄 부분을 닦는다.

2 '안쪽에서 바깥쪽으로, 위에서 아래로' 라는 원칙이 기본이
다. 효율적으로 청소할 수 있다.

3 청소 도구는 꺼내기 쉬운 장소에 둔다. 먼지가 눈에 띄는 즉
시 처리하기 위해서다.

흐트러지거나 더러워지기 전에 정리정돈과 청소를 하기 바란
다. 언제나 깨끗한 상태를 유지하는 것이 중요하다.

MeMo

메모는
잊어버리기 위해 하는 것이다

10

각종 업무와 아이디어, 정보, 해야 할 일을 전부 기억하는 것은 결코 쉬운 일이 아니다. 머리보다는 메모지에 저장하는 편이 더욱 편리하고 정확하다.

메모는 크게 세 종류로 나뉜다. 다양한 메모지와 색색의 필기도구를 이용하여 메모의 종류를 구분하는 것만으로 머릿속이 산뜻하게 정리된다.

1 해야 할 일이나 예정을 적어두는 'TO DO 리스트'(맨 앞에 네모 모양의 체크박스를 만들어둔다.)

2 여기저기서 수집한 정보를 적어두는 '정보 기입장'

3 떠오른 생각을 적어두는 '아이디어 기록장'

다음은 내가 메모를 할 때 실천하고 있는 요령이다. 이는 어디까지나 참고로 하고 자신에게 알맞은 방법을 찾기 바란다.

□ 노트는 1~2권으로 한정한다. 아이디어 기록장 이외에는 같은 노트를 사용한다.

□ 사적인 일과 업무를 같은 노트에 적고 색상이나 선으로 구분한다.

□ 간단히 처리할 수 있는 일은 포스트잇에 적어서 눈에 띄는 곳에 붙여두고 일이 끝나면 떼어낸다.

□ 그림이나 색상을 이용하는 등 한눈에 알아볼 수 있도록 정리하는 방법을 궁리한다.

□ 사용하기 쉬운 노트와 필기도구에 신경을 쓴다.

□ 실천할 때마다 □에 체크를 해 성취감을 맛본다.

이전에 신문사에서 근무할 때 상사에게 처음으로 배운 것이 메모하는 방법이었다.

"인터뷰한 내용이나 취재한 내용만이 아니라 깨달은 점, 느낀 점을 전부 메모해두게. 나중에는 메모만 봐도 당시의 상황이나 대화가 생생히 떠오를 테니까."

회의의 의사록, 강연, 세미나를 메모할 때는 다음의 사항을 참고한다.

☐ 주관적인 감상을 적는다.
☐ '중요하다!'라고 생각하는 부분을 동그라미나 네모로 표시해둔다.
☐ 문장보다는 항목이나 단어를 사용한다. 자신만이 아는 표현이라도 상관없다.
☐ 당일이나 다음날에 다시 훑어보고 보충할 부분이 있으면 설명을 덧붙인다.

메모는 기본적으로 일어서서 작성한다. 앉아서 작성할 수 있으면 행운이라고 생각해야 한다. 상사가 부를 때, 전철 안에 있을 때, 요리나 청소를 할 때 간단히 적을 수 있다면 메모의 달인이라고 할 수 있다. 메모지와 필기도구는 언제 어디서나 쉽게 꺼낼 수 있도록 준비해두는 게 좋다.

CoMmuNicAtion

능력 있는 여자는 말도 잘한다

감성이 풍부한 여성은 남성에 비해 논리적인 화법에 익숙하지 않다고 한다. 핵심을 건드리지 못하고 장황하게 말하거나 에둘러서 말하거나 주제에서 벗어나거나 하는 바람에 "그래서 무슨 말을 하고 싶은 건데?"라는 핀잔을 듣기도 한다. '자신이 어떻게 전했는가'보다도 '상대에게 어떻게 전해졌는가'가 중요하다.

우선은 말을 꺼내기 전에 '어떤 말을 가장 듣고 싶어 할까?', '어떻게 하면 설득할 수 있을까'라며 상대의 입장을 파악하는 습관을 기르기 바란다. 유창하게 말할 필요는 없다.

쓸데없는 말은 줄이고
요점만 간략하게 전하면 된다.

다음의 네 가지 요령을 터득한다면 충분히 '능력 있는 여자'가 될 수 있다. 얼른 실천에 옮겨보기 바란다.

1 '그러니까 무슨 말을 하고 싶은가?'

핵심을 처음에 말한다. 예를 들어 프레젠테이션을 마친 후 상사에게 결과를 보고하는 경우를 생각해보자.

"오늘 K사에 갔을 때 다행히 사장님과 직접 대화를 나눌 수 있었습니다. 처음에는 긴장을 많이 했는데 이야기를 잘 들어주셔서……."

핵심이 나올 때까지 시간이 걸리기 때문에 '그러니까 어떻게 됐냐고?'라며 조바심이 나게 된다. 시간 순서대로 꼼꼼하게 보고할 필요는 없다. 상대가 가장 원하는 것은 어디까지나 '결론'이다.

2 '왜?'

핵심을 말한 다음에는 이유와 경위를 설명한다. 1번의 예와 같은 상황이라면 "왜냐하면 오늘은 사장님과 직접 대화를 나눌 수 있었거든요. 프레젠테이션을 할 때……"라고 말을 잇는 것이 논리적인 화법이다. '왜냐하면'이라든가 '그 이유는'과 같은 접속사를 사용하면 부드럽게 연결된다.

3 '구체적으로 말하면?'

최대한 구체적으로 말한다. '매우', '아주', '정말', '모두' 등의 대략적인 표현보다는 가능한 한 숫자를 사용하여 구체적으로 설명한다. "이 상품은 젊은이들에게 엄청나게 인기가 많습니다"라는 말보다 "20대 여성을 대상으로 한 인기 투표에서 3개월 연속 1위를 차지하고 있는 상품입니다"라는 말이 보다 설득력이 있다.

4 '혹시 당신의 주관적인 생각이 아닌가?'

개인적인 감정을 배제하고 말한다. 자신의 주관이나 감정을 섞어서 말하면 설득력이 떨어진다. 의견을 말하고 싶은 경우에는 객관적인 사실을 전한 후 "이건 제 의견이지만……"이라며 구분하여 전하는 것이 좋다.

가슴을 편 자세, 정면을 바라보는 시선, 정확하고 느긋한 어조, 밝은 미소가 더해지면 설득력을 더욱 높일 수 있다!

IdeA

끈질긴 사람만이
번뜩이는 아이디어를 만든다

12

어느 잡지에서 여성 임원을 대상으로 실시한 '일을 할 때 중요한 능력은 무엇인가'라는 앙케트에서 2위를 차지한 답은 '새로운 아이디어를 내는 상상력·창의력'이었다. 덧붙여 1위는 '커뮤니케이션 능력'이라는 답이 차지했다. 관리나 기획과 같은 업무의 재량이 커질수록 상상력은 더욱 중요해진다.

"창의력이 풍부한 사람은 좋겠어. 나는 창의력이 부족해서 큰일이야."

이렇게 한탄하는 사람이 있지만 창의력은 타고나는 것이 아니라 단련되는 것이다. 나도 잡지나 정보지를 만드는 현장에서 아이디어로 승부하며 일한 적이 있지만 처음에는 상사에게 '시시하다'는 평가를 받기 일쑤였다. 하지만 '재밌고 유익한 기획으로 사람들을 감탄하게 만들 거야!'라는 오기로 훈련을 거듭했다.

끈질기게 고민하면
아이디어는 솟아나는 법이다.

누구든지 계속해서 생각한다면 전철 안에서, 혹은 목욕탕 안에서 "아, 바로 이거야!"라며 환호성을 지를 수 있는 순간이 찾아올 것이다. 환호성을 지르기 위해서는 평소 다음과 같은 습관을 갖는 게 좋다.

1 의문을 품는 습관을 가진다. 아이디어는 지식과 정보, 경험에서 나온다. 그러므로 항상 '어째서?'라는 호기심을 가져야 한다. 불티나게 판매되는 상품을 보고 '대단하네'라는 감탄만 할 것이 아니라 '어째서 잘 팔리는 걸까?'라는 의문도 가져야 한다. 맛있는 음식을 먹고도 '맛있네'라는 감탄만 하고 끝날 것이 아니라 '어째서 이렇게 맛있지?'라는 의문을 품고 고민해야 한다. 숨겨진 의도나 다른 사람의 마음을 사로잡는 이유를 찾으면 언젠가 자신의 일과 연결할 수 있다.

2 일단 적는다. 메모지를 휴대하고 마음에 걸리는 것은 그때그

때 메모한다. 글로 적고 점검하는 사이에 머리에도 주입된다. 기획을 할 때도 떠오른 생각, 단서, 정보를 종이에 휘갈겨 쓰면 머릿속이 깔끔하게 정리된다.

3 장소와 시간을 바꾼다. 책상에만 앉아 있다고 해서 괜찮은 아이디어가 떠오르지는 않는다. 익숙한 장소에서 벗어나 보면 도움이 된다. 현장을 둘러보거나 거리에서 유행을 살펴보고 대화를 들어보면 단서를 얻을 수 있다. 휴식을 취하거나 여유를 가지는 것도 중요하다.

4 다른 사람의 의견을 듣는다. "백지장도 맞들면 낫다"라는 말이 있듯이 다른 사람에게 의견을 물어보면 도움이 된다. 생각이 정리되지 않은 단계라도 다른 사람과 의견을 나누는 사이에 생각이 정리되고 새로운 시각이 더해져 혼자서는 떠올릴 수 없었던 아이디어가 탄생하기도 한다.

Good News

아무 정보나 믿었다가는 큰코 다친다

13

정보가 범람하고 빠른 속도로 변하는 정보화 사회에서 살아남기 위해서는 정말로 필요하고 질 좋은 정보를 엄선하는 정보수집과 분석력을 반드시 갖추어야 한다. 이는 장래의 명암을 나누는 열쇠라고 해도 과언이 아니다. '자신이 알고 있는 정보'를 통해 도움을 받고 이득을 보고 기회를 잡고 좋은 아이디어를 얻은 경우는 많을 것이다. 사람은 좋은 정보를 가지고 있는 사람에게 모여든다. 업무를 수행할 때나 인간관계를 유지할 때도 정보력은 귀중한 자산이 된다.

정보수집에서 중요한 점은 '소프트 정보'와 '하드 정보', 그리고 양자를 합친 정보를 구분하여 사용하는 것이다. 소프트 정보는 다른 사람에게 직접 들은 정보, 자신이 실제로 보거나 듣거나 체험한 정보를 뜻하며 하드 정보는 텔레비전이나 신문, 잡지, 인터넷과 같은 언론 매체에서 얻은 정보를 뜻한다.

간단한 예를 들자면 '송년회를 개최할 장소를 정하고 싶다'는 목적으로 정보를 모으는 경우가 있다. 잡지나 인터넷에서도 정보를 수집할 수는 있지만 요리나 서비스를 실제로 이용해본 사람에게 상세한 정보를 듣는 편이 더욱 효과적이다. 그러기 위해서는 '이런 정보는 ○○ 씨에게 물어보면 된다!'라는 정보 네트워크를 가지고 있어야 한다. 하지만 가장 신뢰할 수 있는 것은 '스스로 확인한 정보'다. 조사만 하는 것이 아니라 미리 가보고 '요리의 질은 어떤가?', '기다리는 시간은 길지 않은가?', '종업원의 서비스는 어떤가?'라며 가게의 질을 확인해야 한다. 잡지에서 좋은 평가를 받았던 가게도 실제로 가보면 실망스러울 때가 있다.

정보의 질은 정보원의 신뢰도에 비례한다.

상업적인 광고인지, 순수한 기사인지, 의도적인 기사인지 정도는 우선적으로 확인해야 한다. 주요 신문이나 잡지의 사상과 같은 정보원의 성질도 이해해두기 바란다. 언론 매체나 다른 사람이 주는 정보를 지나치게 신뢰해서는 안 된다. 스스로 확인하지 않은 정보는 전부 의심해보는 것이 좋다. 정보에 대한 고정관념을 버리고 다양한 각도와 시각에서 나름의 분석을 더하는 것이다.

또한 무언가 과제가 생겼을 때만이 아니라 전문 분야나 흥미가 있는 분야에 관해 매일 정보를 입수하기 바란다. 나는 '구글 알리미'를 통해 '일', '인관관계'에 관한 뉴스를 메일로 받거나 신뢰할 수 있는 비즈니스 도서 평가자의 메일 매거진을 통해 양서를 소개받는다. 항상 더듬이를 예민하게 세워두는 것은 정보수집의 기본 중의 기본이다.

ImpRovE

개선이 없는 사람은 미래도 없다

유니클로의 점장으로 근무했을 때 '매뉴얼 개선'은 매우 중요한 업무였다.

백과사전처럼 많고 복잡한 매뉴얼을 개선하는 업무로 인해 처음에는 골머리를 앓았지만 일상적인 업무를 하는 동안 '이건 바꾸는 편이 좋겠다', '이렇게 하니까 오히려 작업하기가 어렵네'라며 개선할 점이 줄줄 나올 정도가 되었다.

'매뉴얼 개선'은 매월 사원들이 제안한 개선안을 모아서 본부의 재량으로 매뉴얼에 반영하는 작업이다. 교체되는 양이 막대하여 기억하는 것만으로도 큰일이었다. 스태프에게 전달하면 "네?

또 바뀌었어요?"라는 불평을 듣는 경우도 잦았다.

하지만 그러면서 깨달은 점이 있다. '개선이 없는 회사는 미래도 없다'는 사실이다.

유니클로는 개선하는 속도가 매우 빠른 회사다. 판단이 잘못되었을 때는 철회하는 것도 빠르다. 사원은 회사에 다소 휘둘리는 경우도 있지만 스스로 회사의 성장을 도모하고 있다는 실감을 할 수 있다. 그래서 오늘의 유니클로가 있는 것이다.

'이 회사는 괜찮을까'라고 걱정이 되는 조직은 업무방식이 관례로 정착되어 비효율이나 낭비라는 사실을 깨닫지 못한 채 그대로 받아들이려는 사원이 대부분이다. 사원 한 사람 한 사람이 회사의 장래를 쥐고 있다는 위기감이 없다는 것이 가장 큰 문제다. 이러한 '무사 안일주의'야말로 회사를 망치는 지름길이다.

사소한 것이라도 좋으니
일상적인 업무를 하면서 불편했던 점,
비효율이나 낭비라고 느꼈던 점을
목록으로 만들어보기 바란다.

개선안은 금방 찾지 못해도 좋다. 매일 같은 업무를 반복하면 너무 당연하게 느끼게 된다. 따라서 객관적으로 살펴보면서 '이대로 괜찮을까'라는 의문을 가지고 '이 일은 애초에 무엇을 위해

하는 걸까?'라며 목적을 점검하면 잘못된 점이나 고칠 점이 보이기 시작할 것이다.

다만 개선을 환영하는 직장이라면 몰라도 "이건 이상합니다"라는 부정적인 표현을 사용하면 지금까지 열심히 일하던 사람들의 입장이 난처해질 수 있다. 기존의 방식을 긍정하면서 "이렇게 하면 더욱 좋아질 것 같습니다"라는 표현을 사용하는 편이 좋다. 우선은 가까운 동료나 상사에게 상담하는 형태로 자연스럽게 제안하고 상대방이 수긍하면 본격적으로 개선하고자 노력하는 것도 좋은 방법이다.

설령 제안이 받아들여지지 않더라도 의욕은 인정받을 수 있다. 적극적으로 제안하고 개선하기 바란다.

EaRly DeteCtion

일찍 일어나는 새가
문제를 해결한다

일은 문제해결의 연속이다. 새로운 과제가 주어졌을 때, 돌연 문제가 생겼을 때, 잠재적인 문제가 앞을 가로막고 있을 때처럼 문제는 늘 생각지 못한 순간에 일어나므로 냉정하게 하나하나 해결해야 한다.

**문제해결은 질병과 마찬가지로
'조기발견과 조기해결'이 기본이다.**

또한 시점을 바꾸어 다양한 각도에서 검증하고 해결책을 찾아야 한다.

문제를 해결하고 싶다면 다음의 5단계를 순서대로 밟아보기

바란다. 만약 지금 문제를 안고 있다면 백지나 노트를 준비하고
바로 아래의 1번부터 3번까지를 한번 적어보기 바란다.

1 목적의 명확화 : ‘무엇을 위해 그 문제를 해결하고 싶은가.’
(What)

2 문제의 원인 규명 : ‘어째서 그 문제는 일어났는가.’ (Why)

3 문제의 해결책 : ‘문제를 해결하기 위해서는 어떻게 하면 되
는가.’ (How)

(1) 개선책 : ‘2번의 원인에 대한 대책을 세운다.’ (지금 있는
장소에서 본다.)

(2) 새로운 계획 : ‘새로운 발상의 아이디어는 없는가?’ (시점
을 바꾼다.)

※ ‘해결책을 실행하는 경우 어떤 일이 있어날까?’ 라며 예상되
는 문제까지 생각한다.

4 해결책을 결정하고 실행한다.

5 수시로 점검하여 필요할 때마다 변경하고 개선한다.

예를 들어 ‘저금을 할 돈이 없다’는 문제를 해결해보기로 하자.
업무는 아니더라도 많은 사람에게 친숙한 문제이다.

1 '매년 한 번은 해외여행을 하고 싶다', '만일의 경우에 대비할 수 있는 저축이 필요하다' → '목표는 연 600만 원의 저금(매월 30만 원+보너스 120만 원×2)'

2 ① 은행계좌에 남는 돈이 없다.

② 고정 지출을 파악하지 못하고 있다.

③ 쓸데없는 지출이 많다.

3 (1) ① 급여에서 공제하여 적립예금을 든다.

② 고정 지출을 산출하고 생활비 통장을 만들어서 지불한다.

③ 가계부를 간단히 작성하고 절약한다.

(2) ① 연 2회 벼룩시장에 참가한다.

② 주말에 부업을 한다.

③ 집세가 싼 건물로 옮긴다.

4 지금까지 내놓은 의견 중에 적당한 것을 골라 실행에 옮긴다.

이처럼 도착점(목표)을 정하고 그곳에 도착하기 위한 통로(방법)를 다양한 각도에서 찾아보는 방법은 업무만이 아니라 일상생활이나 인간관계에서 생기는 문제를 해결하는 데도 활용할 수 있다.

HanDling

실수에 대처하는
7원칙

일에는 실수가 따르는 법이다. 아무리 주의를 기울여도 누구나 실수를 저지르게 된다.

이미 일어나버린 일은 어쩔 수 없다. 시간은 되돌릴 수 없다. 중요한 것은 그 일을 어떻게 극복해야 하는가다.

한마디로 말하자면 일을 정면으로 받아들이고 대처해야 한다. 도망치거나 외면하지 않고 성의를 가지고 냉정하게 처리하는 것이다.

때로는 '전화위복'이라는 말처럼 대처하는
방법에 따라 오히려 신뢰를 얻을 수도 있다.

'실수에 대처하는 7원칙'은 다음과 같다.

1 신속하게 보고한다. 상사에게 혼이 나거나 피해를 끼칠지도 모른다는 생각이 들면 실수를 솔직하게 고백하고 싶지 않겠지만 시간이 경과할수록 상사의 노여움은 커지고 뒤처리도 번거로워진다. 한시라도 빨리 사실을 있는 그대로 보고해야 한다. '결론 → 원칙 → 경과'의 순서를 지키는 것이 효과적이다.

2 상사에게 지시를 청하고 관계자에 대한 대응책을 마련한다.

3 즉시 실행한다.

4 성의를 다해 사죄한다. 다른 사람을 탓하거나 책임을 회피하는 듯한 어설픈 변명이나 거짓말은 금물이다. "정말 죄송합니다"라고 진심으로 용서를 빌기 바란다. 상대가 나이가 어리더라도 "미안하다. 내가 잘못했어"라고 사과하는 사람은 신뢰를 얻을 수 있다.

5 사태가 진정되면 도움을 준 사람과 피해를 끼친 사람에게 감사의 인사와 사죄의 말을 전한다. 다음 일에 집중하고 과거에 연연하지 말아야 한다.

6 실수의 원인을 규명하고 재발을 방지하는 대책을 세운다. 실수가 일어나는 이유는 작업 순서가 번잡했거나 무리를 했거

나 결여된 점이 있었기 때문이다. 원인을 분석하면 방지책이 몇 가지 나올 것이다. 그 방지책을 통해 확실하고 효율적으로 일할 수 있게 된다면 그야말로 전화위복이다.

7 개선되었다는 사실을 알린다. 실수를 반복하면 불성실한 인상을 주고 자기혐오도 생긴다. 상사에게 개선책을 알리고 발전했다는 사실을 보여주자.

작은 실수일수록 재발하지 않도록 조심해야 한다. 큰 실수는 혼자 힘으로 해결할 수 없는 요인이 얽혀 있는 경우도 많지만 작은 실수는 단순히 '신경만 썼다면 막을 수 있는 경우'가 많다. 아무리 작은 일을 하더라도 지각을 하거나 보고를 누락하거나 사소한 약속을 이행하지 않는 등의 단순한 실수를 반복하지 않으면 신뢰를 쌓는 데 도움이 된다. 이는 당연한 의무이기도 하다. 항상 적당한 긴장감과 위기감을 가지고 일하기 바란다.

Set

자리가 사람을 만든다

17

여성 관리직은 전체의 7%에도 미치지 못한다고 한다. 여성 노동 인구가 전체의 40%를 넘는다는 사실을 고려하면 너무 적은 수 치다.

남성 중심의 조직 문화에 적응하기 어렵다는 점이나 일과 가정 을 양립하기 힘들다는 점도 원인이 되겠지만 승진을 하거나 리더 가 될 기회가 왔을 때 "아, 싫어. 어려운 일이나 귀찮은 일은 하고 싶지 않아. 책임도 무거워지고"라며 달아나버리는 경우가 많다 는 점도 큰 원인이다.

관리직이 될 수 있는 기회가 찾아온다면 기꺼이 받아들이기 바란다.

급여가 오른다든가 경력에 도움이 된다든가 권력을 가지게 된다든가 하는 구차한 이유 때문이 아니다. '자리가 사람을 만든다'는 이유 때문이다.

**사람은 일정한 자리에 오르면
자연히 '그 자리에 어울리는 사람'이 되려고 한다.**

철없던 청년이 부모가 되자 착실해지거나, 촌스러운 배우 지망생이 연예계에 데뷔하자 세련되어지거나, 관리직이 되자 관록이 생기는 등 '그 자리에 어울리는 사람'이 되는 경우는 흔히 찾아볼 수 있다.

'그 자리에 어울리는 자질이 있으니까 그 자리에 오를 수 있었다'는 말보다는 '그 자리에 올랐으니까 그 자리에 어울리는 자질을 기를 수 있었다'는 말이 적당하다. 리더가 되면 통솔력, 판단력, 지도력, 커뮤니케이션 능력, 문제해결 능력, 인간적인 매력과 같은 자질이 자연스럽게 갖추어진다. 사람은 자신이 맡은 역할을 완수하고자 성장하는 법이다.

게다가 '수많은 사람들 중 한 사람'에 만족한다면 계속 같은 무대에 머무르게 되므로 미래가 불투명하고 지루해진다. 책임이 막중한 자리에 오르면 어려운 일도 많아지겠지만 재량껏 처리할 수 있는 일도 많아진다. 보람도 생기고 재미도 붙는다.

어차피 같은 시간 동안 일한다면 성장의 기쁨을 맛보면서 일하고 싶지 않은가?

나이가 든다는 것은 무대를 바꾸어가는 것이다. 지금까지 터득한 지혜를 응용하거나 사람들을 모으고 키우는 것이 다음 무대에서 맡을 역할이다. 자유롭게 할 수 있는 일이나 발언할 수 있는 기회가 늘어나고 다른 사람을 적재적소에 기용할 수 있으므로 자신은 관리와 기획에 중점을 둘 수 있다.

두려워할 필요는 없다. 힘이 들 때는 "도와줘!"라며 다른 사람에게 힘을 빌리면 된다. "할 수 있습니다"라며 떠맡으면 어떻게든 할 수 있게 된다. 그렇게 해서 그 자리에 어울리는 자질을 기르면 그것은 어느샌가 자산이 되고 매력이 될 것이다.

BosS

경영자의 시각에서
일을 판단한다

18

"이번에 나온 보너스는 지금까지 받은 금액 중에 제일 적어. 저축도 할 수 없고 해외여행도 갈 수 없어."

푸념이 절로 나온다면 당신이 사장이 되었다는 상상을 해보기 바란다.

'이런 불경기에는 보너스를 지급하는 것조차 쉽지 않아. 능력이 없는 사원은 모두 자르고 싶어!'

'이번 분기는 그럭저럭 극복했지만 다음 분기는 어떻게 될지 몰라. 자금을 저축해두는 편이 좋겠어.'

'우선은 낭비를 줄여서 경비를 훨씬 감축해야 해!'

이런저런 생각이 떠오를 것이다. 하지만 부하들에 대한 불만이 아무리 많더라도 쉽사리 불평할 수 없는 처지라는 사실을 곧 깨닫게 될 것이다.

경영자의 시각을 가지고 있는지 아닌지에 따라 일에 착수하는 방식이 완전히 달라진다.

회사를 운영하는 가장 큰 목적은 조금이라도 더 많은 이윤을 내는 것이다. 그러므로 고객이나 거래처를 만족시키는 좋은 상품과 서비스로 판매를 늘리기 위해 비용을 삭감하거나, 기능적인 시스템을 만들거나, 우수한 인재를 키우거나, 시대의 움직임에 대응하거나, 기업 브랜드를 만들거나, 효과적인 선전을 하거나, 판로를 개척하는 등 다양한 전략을 구사한다.

이처럼 폭넓고 장기적인 경영자의 시각으로 자신을 바라보면 자신의 업무가 어떤 가치를 가지고 있는지, 자신에게 무엇이 요구되는지 정확히 알 수 있다. '회사는 이런 부분을 기대하겠구나', '회사는 이런 부분에서 어려움을 겪고 있겠구나'라는 사실을 파악하고 적극적으로 회사에 공헌할 수도 있다. 사원의 시각만을 가지고 있다면 고작 주어진 일을 처리하는 데 그치고 만다.

기업에 근무하든지 프리랜서로 독립하든지 회사를 창업하든지 경영자의 감각은 반드시 갖추어야 한다. '내가 사장이라면 어떻게 할까'라고 생각하는 습관을 기르고 경영자의 감각을 훈련하기 바란다.

다만 주의를 기울일 점은 '내가 사장이라면 이렇게 할 텐데 지금 사장은 뭘 모르는 것 같아'라며 비교하지 말아야 한다는 것이다. 납득할 수 없어도 이것이 현실이다. 일단은 사장의 가치관과 경영방침을 전면적으로 인정해야 한다. 좋은 부분만이 아니라 나쁜 부분도 받아들이는 것이다.

그럴 수 있다면 실제로 사장이 되는 날이 찾아올지도 모른다.

BusiNesS

일하는 여자는
영업이익도 의식한다

19

회사를 운영하는 가장 큰 목적은 어디까지나 많은 이윤을 내는 것이다.

이윤을 내기 위해서는 영업이익을 늘려야 한다. 판매액을 늘리는 것으로 끝나는 게 아니다. 아무리 판매액이 높더라도 원가나 인건비가 높으면 이윤은 적다. 때로는 적자가 되는 경우도 있다. 그렇게 해서는 회사를 유지하고 성장시킬 수 없다.

**회사원이든 프리랜서이든 영업이익을 의식하며
일하는 것은 기본 중의 기본이다.**

자신의 회사가 어떠한 상태인지 파악해두기 바란다. 학교에서 배운 사항을 잠시 복습해볼 시간이다.

(영업이익) = (판매액) − (판매원가) − (판매비 · 일반관리비)

　※ 판매원가 … 재료비, 제조 인건비

　※ 판매비 … 판매 수수료, 광고 선전비

　※ 일반관리비 … 사무 부문에서 일하는 사람의 급여, 사무실

　　경비, 복리 후생비 등

영업이익은 판매액을 늘리고 매상원가, 판매비, 일반관리비를 줄이면 저절로 늘어난다. 부가가치 향상, 신제품 개발, 비용 삭감, 효과적인 판매 등 모든 전략이 관건이 된다.

(영업이익률) = (영업이익) ÷ (판매액) × 100

영업이익률은 회사의 '수익성'을 파악하는 지표다. 업종에 따라서도 큰 차이를 보인다.

예를 들어 야후는 50.0%, 도요타 자동차는 10.1%, 소니는 4.2%, 야마다 전기는 3.7%다. 유니클로는 소매업으로서는 높은 수치인 18.9%를 기록했다. 이는 해외에서의 대량생산, 간략한

수송·관리 시스템, 낮은 인건비와 관리비 등 뛰어난 비용 관리가 이루어낸 결과이다.

업종별 평균치는 제조업이 5~7%, 서비스업이 10~15%, 소매업이 1~5%다. 영업이익률이 낮은 경우에는 박리다매와 같이 양으로 승부할 필요가 있다.

나는 영업이익률, 즉 수익성을 따져보는 버릇이 있다. 가게에 가도 고객 1인당 구입액과 고객수를 어림짐작하여 하루의 판매액을 산출하고 원가, 인건비, 임대비 등을 대강 제외한 후 '이건 괜찮은 장사구나!'라고 흥분하거나 '이런 아이디어로 판매액을 늘리는구나'라고 감탄하거나 한다. 원가가 낮은데다 높은 상품가치, 기술비, 분위기, 브랜드 파워 등의 부가가치가 붙으면 더욱 많은 이윤을 남길 수 있다. '어떻게 돈을 벌까'라며 머릿속으로 장사를 해보는 것은 나에게 최고의 공부이자 최상의 즐거움이다.

ThoRny Path

무엇을 하든
편한 것은 없다

"언젠가 회사를 세워서 사장이 될 거야." "집에서 아이를 기르면서 할 수 있는 일을 찾고 싶어" "프리랜서가 돼서 나만의 방식으로 일하고 싶어" 등 '독립하고 싶다'는 이야기가 종종 들린다. 특히 실력이 쌓이고 자신감이 생기는 30대 이후에 독립을 꿈꾸는 사람이 많다.

창업 세미나에 참가해보면 남성보다 여성이 압도적으로 많은데 놀란다. 개중에는 '좋은 취직 자리가 없으니까', '실력 없는 상사한테 혹사당하기 싫으니까'라는 소극적인 이유를 대는 사람도 있지만 그런 이유도 그리 나쁘지는 않다.

일을 시작하게 된 동기야 어떻든 간에 진심을 다하면 좋은 결과를 얻게 되는 것이 창업자와 프리랜서의 즐거움이다.

다만 일을 하는 데 필요한 기술은 반드시 갖추어야 한다. 지금의 회사에서 교육을 받거나 스스로 익혀서 조금씩 경험을 쌓아두기 바란다. 고객과 발주처로부터도 신임을 얻어야 한다. 그렇지 않으면 금세 외면당하게 된다. 당분간 수입이 없어도 버틸 수 있을 만큼의 경제적인 체력도 필요하다. 궤도에 오르기까지 3~4년이 걸리는 것은 흔한 경우다.

경영 감각과 영업력도 필요하다. 프리랜서라면 회사에 다닐 때는 다른 이들이 해주던 경리, 기획, 영업, 마케팅과 같은 기능을 전부 혼자 담당해야 한다. 도움을 주는 서포터와 인맥은 필수다. 하지만 무엇보다도 중요한 것은 강한 정신력이다. 생활이 불안정한 탓에 쉽게 불안해지므로 '뭐, 어떻게든 해보자'라며 낙관적이고 주체적으로 나아가는 자세를 가져야 한다. '어떻게든 되겠지'라는 자포자기의 자세는 안 된다.

중소기업을 대상으로 실시한 조사에 따르면 독립을 했더라도 3년 안에 폐업하는 확률은 약 70%이며 5년 후까지 살아남는 확률은 약 20%라고 한다. 살아남은 사람 중에서도 연수입이 3000만 원 이하인 경우가 대다수다.

혼자 일하는 것이 고용되어 일하는 것보다 '가시밭길'일지도 모른다.

가시밭길이라고 하니 너무 겁주는 것 같지만 그렇다고 성공하는 방법이 없는 것은 절대 아니다.

경영자나 프리랜서로서 궤도에 오른 사람은 대부분 즐겁고 만족스럽게 일하고 있다. 성과나 보람이 직접적으로 느껴지기 때문이다.

조직에서 근무하는 것과 독립을 하는 것은 각각 일장일단이 있다.

장점과 단점을 전부 받아들일 각오를 하고 '어느 쪽을 선택하는지'에 따라 인생이 달라질 것이다.

제4장
인생을 즐기는 사람만이 성공한다

뭐 좋은 일 없을까, 하는 헛된 기대를 품지 말고 여유롭게 현실을 즐기자.

인생에서 승리나 패배가 있을 리 없지만,

굳이 말하자면 인생은 즐기는 자의 것이다.

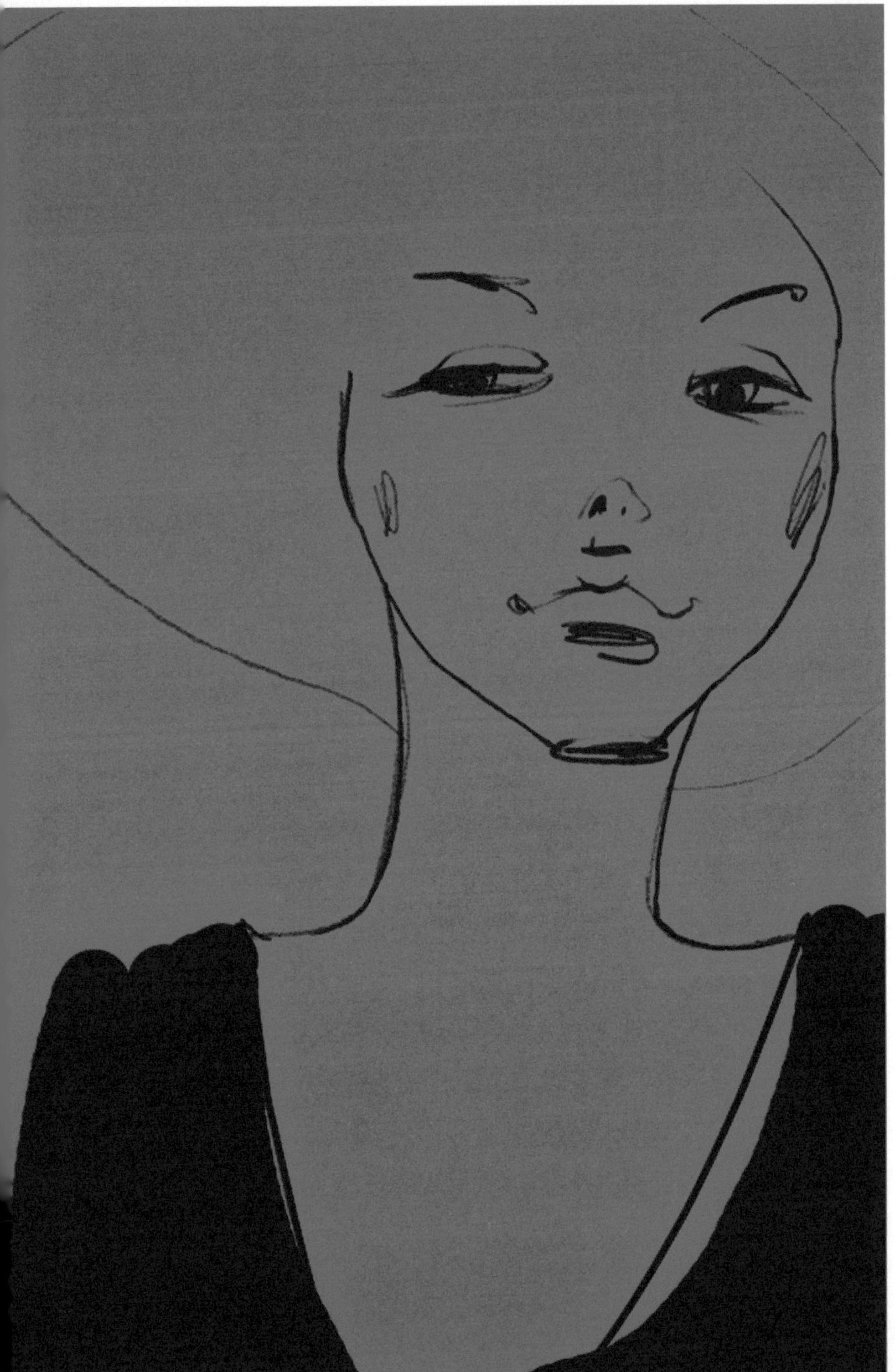

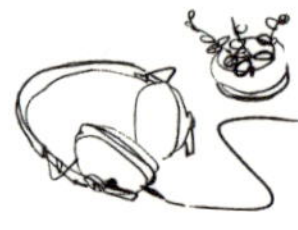

PresEnt

인생은
즐기는 사람의 것이다

"아, 누구 좋은 사람 없나? 재밌는 일도 없고."

"그것도 그렇지만 난 지금 하는 일 지겨워서 미치겠어. 뭔가 보람 있는 일 없으려나."

"일도 재미없고 누군가를 만나도 공허하기만 하고, 뭔가 새로운 활력소가 필요해."

카페에 앉아 있으니 옆 테이블에서 이런 대화가 들려왔다. 30대로 보이는 여성들이었다.

이처럼 현재의 상황에 불만이 많은 여성들이 많다. 그들은 지금 내가 가지고 있지 않은 것을 가지게 되면 무언가가 분명히 달라질 것이라고 믿는다. 과연 다른 걸 가지게 되면 지금보다 행복해질까.

아니다. 현재를 즐기지 못하는 사람은 영원히 즐기지 못한다. 우리는 과거도 아니고 미래도 아닌, 현재라는 시간밖에 살 수 없기 때문이다.

'지금 하는 일을 열심히 하다가 언젠가 반드시 더 맘에 드는 일을 맡도록 하자!'라는 적극적인 정신력만이 인생을 바꾼다.

'지금은 불황이라서 즐기고 싶어도 즐길 수 없다'라고 느끼는 사람도 있을 것이다.

물론 자신의 감정에 충실한 것도 중요하지만 어떤 상황에서나 즐기려고 노력하는 것이 더욱 중요하다. 즐거움의 씨앗은 얼마든지 널려 있다.

나는 가난했을 때는 절약하는 생활을 즐겼고 고독했을 때는 자신과 마주하는 시간을 즐겼으며 정신없이 바빴을 때는 분 단위로 움직이는 빡빡한 일정을 즐겼다. 어느 시기를 떠올려도 '아, 그때 참 즐거웠었지'라고 생각할 수 있다.

**적극적인 정신력을 가지고 나아갈 때가
가장 즐거운 법이다.**

그러므로 '뭐 좋은 일 없을까'라는 헛된 기대를 품지 말고 여유롭게 현실을 즐기자.

　인생에 승리나 패배가 있을 리는 없지만 굳이 말하자면 인생을 즐길 줄 아는 사람이 승리한다.

행복이야말로
최고로 힘이 세다

2

여전히 지뢰와 불발탄이 무수히 묻혀 있는 캄보디아의 농촌부락
을 취재한 적이 있다. 농사를 짓다가 불발탄에 발 한쪽을 잃었다
는 남성은 온화한 얼굴로 말했다.

"혹독한 전쟁이었어요. 가족도 친구도 모두 죽어버렸어요. 전
발 한쪽을 잃었지만 다행히 목숨을 건져서 이렇게 시장에서 열심
히 일하고 있어요. 캄보디아도 이렇게 평화로워졌고요. 정말로
행복해요. 이렇게 행복한 일이 또 있을까요?"

필사적으로 살아가다 보니 슬퍼하거나 고민할 여유가 없기도
하겠지만 캄보디아의 사람들은 본래 행복에 능숙하다. 나날의 생

활 속에서 작은 사건, 상쾌한 자연, 기분 좋은 만남과 같은 사소한 '행복'을 찾아서 금세 만면에 미소를 띠운다.

어떻게 하면 그렇게 쉽게 행복해질 수 있는 걸까. 감사하는 마음을 가지고 있기 때문이다. 그렇다. 감사하는 마음을 가지면 현재를 굉장히 귀중한 시간으로 여기게 된다. 눈앞에 있는 카드가 눈 깜짝할 새에 다른 카드로 변해가는 마술과도 같은 일이 벌어지는 것이다. 설령 괴롭고 고통스러운 상황이라도 마음속으로 "고마워"라고 외치면 고통이 기회로 변해가는 것을 실감할 수 있을 것이다. 행복은 특정한 상태가 아니라 마음가짐이다.

행복해지기 위한 또 하나의 조건은 다른 사람과 비교하지 않는 자세다.

굳이 다른 사람과 비교하여 자신을 불행하게 만들거나 행복을 느끼기 위해 다른 사람을 불행하게 만드는 것은 좋지 않다.

얼마 전 중학교 2학년생을 상대로 강연을 할 기회가 있었다. "가장 행복한 순간은 언제죠?"라는 질문을 하자 '평범한 하루를 보낼 때', '살아 숨쉬고 있다는 사실을 실감할 때', '이 세상에 태어났다는 것 자체가 행복'이라는 어른스러운 의견도 있었고 '여자친구가 공부를 가르쳐줄 때', '생활을 즐기고 있다고 느낄 때'라는 청소년다운 의견도 나왔다.

강연을 마치며 마지막으로 감상을 묻자 이런 답변이 돌아왔다.

"모든 조건을 갖추지 못하면 행복해질 수 없다고 생각했지만 우리 주변에는 행복이 얼마든지 널려 있다는 사실을 깨달았습니다."

중학생들의 성숙한 태도에 놀라기도 하고 감동하기도 했다. 우리는 지금도 충분히 행복하지 않을까? 언제든지 행복하게 살아가는 능력보다 강한 생존 능력은 없다.

WisdoM

인생은 운이 아니라
지혜가 결정한다

다소 추상적으로 느껴질지도 모르지만 "운은 시간이 아니라 사람에 의해 좌우된다"라는 말이 있다. 세상에는 좋은 일이 일어나기 쉬운 사람과 나쁜 일이 일어나기 쉬운 사람이 있다는 뜻이다. 행운을 끌어들이는 힘을 '행운력'이라고 부른다.

운이 좋은 사람이 되고 싶다면 세 가지 사항만 주의하면 된다. 일상이나 업무에 활용한다면 반드시 운이 다가올 것이다.

1 적극적으로 움직인다. 적극성은 긍정적으로 생각하고 앞으로

나아가는 힘이다. 아무리 힘들고 어려운 상황에 처하더라도 '이 시련은 성장하기 위해 반드시 겪어야 할 관문이다', '좋은 공부가 되었다'고 받아들인다. 다른 사람의 과오나 세상의 모순에 얽매이지 않고 주체적으로 나아가는 것이다. 적극적으로 전진하는 힘은 행운을 끌어들이고 더욱 커다란 힘을 낳는다. 행운의 여신은 적극적인 사람을 좋아한다.

2 직감으로 결정한다. 누구나 무의식적으로 행복해지고 싶다고 생각한다. 그러므로 직감으로 내린 결정은 행복해지기 위한 선택이라고 할 수 있다. 하지만 주위사람을 흘낏흘낏 훔쳐보거나 이런저런 정보에 현혹되거나 하면 선택이 힘들어진다. 처음에 내린 결정이 대부분 바른 결정이다. 레스토랑에서 메뉴를 고르거나 옷을 고르거나 하는 등 작은 선택부터 시작해보면 도움이 될 것이다. 행운의 여신은 직감에 머무른다.

3 다른 사람에게 도움이 되는 일을 한다. '나만 좋으면 된다'는 이기심을 버리고 다른 사람에게 도움이 되는 일을 하기 바란다. 감동을 주고 감사를 낳고 호의가 가득해진다. 주위의 도움으로 업무적으로도 성장하게 될 것이다. 우선은 전철에서 자리를 양보하거나 동료가 바라는 친절을 베푸는 등의 작은 일부터 시작하기 바란다. 행운력의 변화를 실감할 수 있을 것

이다. 행운의 여신은 배려심이 깊은 사람에게 상을 준다.

20년간 무패의 기록을 가지고 있는 전설적인 도박사가 이런 말을 했다.

"운이 따르는 사람이 되고 싶다면 지혜와 기술을 과신하지 마라."

평범한 사람은 90% 정도를 머리로 생각하고 주사위를 던지지만 그는 3% 정도만 머리로 생각하고 주사위를 던진다. 그는 자신이 이기는 이유를 이렇게 설명했다.

"너무 많이 생각하지 않고 빨리 선택한다. 또한 나만이 성공하고 싶다는 생각을 버린다."

'적극성, 직감, 배려'는 행운력의 열쇠다.

Fine Words

좋은 말이
행운을 가져온다

"말이 씨가 된다"라는 속담도 있듯이 말에는 현실을 창조하는 강력한 힘이 있다.

**좋은 인생을 살고 싶다면
좋은 말만 사용해야 한다.**

'좋은 인생을 살아야 해'라고 굳은 각오를 다지지 않더라도 좋은 말을 사용하는 것만으로 자연히 좋은 방향으로 상황이 전개되기가 쉽다.

상황을 바꾸고 싶다면 자신의 사고방식을 바꾸어야 한다. 그리고 사고방식을 바꾸고 싶다면 언어습관을 바꾸어야 한다. 그렇게 하면 마음가짐도 달라지고 다른 사람과의 관계도 좋아진다.

만약 좋지 않은 말을 사용한다면 그 반대의 결과가 나타난다. 좋지 않은 인생을 살게 되는 것이다.

가령 "일이 참 힘드네", "불경기니까 어쩔 수 없어", "나한테는 무리야"라는 부정적인 말을 하면 정말로 그렇게 된다. 설령 100% 믿지는 않더라도 "일이 정말 재밌어", "불경기니까 오히려 기회가 많아", "난 할 수 있어"라고 말해보자. 신기하게도 말한 대로 이루어질 것이다.

긍정적인 말이나 도움이 되는 말은 자꾸만 사용하고 부정적인 말이나 도움이 되지 않는 말은 좋은 말로 바꾸든지 아예 입 밖에 꺼내지 않는 것이 철칙이다. 특히 "바쁘다", "지쳤다"라는 말은 절대로 사용해서는 안 된다. 볼품없이 보이는데다가 주위의 분위기까지 침체된다.

험담도 마찬가지다. '험담이라도 하지 않으면 일을 잘할 수 없다'는 것은 잘못된 생각이다. 험담을 전혀 하지 않고서도 요령 좋게 일하는 사람은 얼마든지 있다. 입이 근질거려서 도저히 참을 수 없다면 직장과 관련이 없는 곳에서 직장과 관련이 없는 상대에게 가벼운 험담을 해라.

유머를 섞어서 유쾌하게 말하면 자신은 물론이고 상대도 마음이 편해질 것이다. 험담과 비밀 이야기를 하는 것은 발목이 잡히는 원인이 되기도 하므로 직장에서는 반드시 삼가기 바란다. 일에 집중하기 위해서도 그렇다.

문제가 발생했을 때 "큰일이네"라는 말을 연발하는 사람이 있으면 기분이 우울해지지만 "괜찮아. 어떻게든 해보자"라고 말하는 사람이 있으면 절로 힘이 난다.

싫어하는 사람에게도 일단 미소를 지으며 "○○씨의 그런 점이 좋아요"라고 말해주면 관계가 달라지기 시작한다.

'이렇게 되면 좋겠다'라는 막연한 바람일지라도 입 밖에 내서 말하면 그렇게 되고 만다.

말에 깃들어 있는 신비한 마력을 믿자!

ChaNcE

기회를 끌어당기는
여자가 되자

세상에는 잇달아 찾아오는 기회를 살려 성장을 거듭하거나 목표를 실현하는 사람들이 있다. 때마침 운이 좋았기 때문이 아니라 기회를 끌어당기는 토양이 마련되어 있었기 때문이다.

기회는 그물에 걸린 물고기다. 수많은 물고기가 바닷속을 이리저리 헤엄치고 다니지만 그물을 넓게 쳐놓고 기다리지 않으면 한 마리도 걸려들지 않는다. 그물코가 너무 크거나 망이 찢어져 있거나 하면 잡았던 물고기도 순식간에 도망쳐버린다. 목표가 확실히 정해져 있지 않거나 부정적인 생각이 든다면 기회를 잡을 수 없다는 뜻이다. 따라서 만반의 준비를 하고 기다려야 한다.

재미있는 것은 그때그때의 수준에 맞는 기회가 찾아온다는 점이다. '신인인데도 큰 기회를 잡은 경우'나 '우연히 힘이 있는 사람을 만나서 길이 열린 경우'가 종종 있지만 이도 어디까지나 잠재된 자질이나 능력이 충분히 갖추어져 있을 때의 이야기다. 기회는 아무렇게나 오는 것이 아니라 매우 공정하게 온다.

나는 프리랜서 작가로 일을 시작한 지 얼마 지나지 않았을 때 "잡지의 타이틀 카피를 써보지 않을래?"라는 제의를 받고 "우와! 열심히 해보겠습니다!"라며 크게 기뻐했다. 내심 "책을 써보지 않을래?", "강연을 해보지 않을래?"라는 제의를 기대하고 있었지만 결코 실망하지 않았다. 다만 언젠가 찾아올지도 모르는 기회에 대비하여 이런저런 경험과 여러 사람에게 들은 이야기를 통해 정보를 수집하거나 아이디어를 찾으면서 철저한 준비를 했을 뿐이다.

물러서지 않는 정신력은 기회를 끌어당기는 최대의 비결이다.

자신에게 주어진 기회를 살리기 위해 온힘을 다해 노력하다 보면 마치 훨씬 전부터 그렇게 되기로 정해져 있던 것처럼 어느 날 갑자기 큰 기회가 찾아온다. 그때까지 겪었던 기적적인 만남과 우연한 사건이 차츰차츰 힘을 모아 필연적인 기회를 만들어내는 것이다.

기회가 오면 '내가 할 수 있을까?'라는 불안한 생각이 들더라도 힘찬 기합을 넣은 후 시원스레 받아들이기 바란다. 불가능한 일은 없다. 한 번 거절해버리면 다음 기회는 좀처럼 오지 않는다.

언뜻 위기로 보이는 사건이 기회가 되는 경우도 있다. 위기를 뛰어넘고 성장을 이루면 더욱 높은 수준의 기회를 끌어당길 수 있기 때문이다.

InEVitablE

우연도 잘만 이용하면
필연이 된다

6

지인 중에 아름다운 미모를 자랑하는 40대 전반의 여성 변호사 P
가 있다. 국제선 스튜어디스로 일하다가 변호사가 되었는데 그
계기가 매우 독특하다.

P는 서른이 되던 해 스튜어디스를 그만두고 결혼을 위해 맞선
을 반복하고 있었다. 그러던 어느 날 맞선 상대와 데이트를 하던
프로야구 경기장에서 이런 대화를 들었다.

"제가 아는 스튜어디스가 있는데 이번에 사법시험에 붙었대요."

"우와, 대단하네요."

P는 갑자기 오기가 생겼다.

'다른 스튜어디스가 합격했는데 나라고 합격 못 할 리가 없지!'

그러고는 열심히 공부한 끝에 정말로 사법시험에 합격했던 것이다. 매일 일어나는 우연한 사건이 때론 큰 기회를 가져오기도 한다.

아무런 가치를 느끼지 못한다면
그 우연은 단순한 우연으로 남겠지만
의미 있는 사건으로 받아들이면
우연은 '필연'이 된다.

이처럼 우연에서 행운을 끌어내는 힘을 '세렌디피티Serendipity'라고 하는데 여기에는 '행운을 추구하는 힘', '행운을 끌어당기는 힘', '행운으로 키우는 힘'이라는 3요소가 있다. 3요소가 모두 갖추어졌을 때 '행운'이 탄생한다.

3요소의 파워를 높이고 행운을 불러오는 방법을 실천에 옮겨 보기 바란다.

1 행운을 구하는 힘 …… 우리는 마음속 깊이 '이 문제를 해결하고 싶다', '이런 사람을 만나고 싶다', '이런 일을 하고 싶다'는 바람을 간직한 채 행동하고 있다. 맞선을 되풀이하던 P의 마음 한구석에도 '평생 할 수 있는 일을 하고 싶다'는 바

람이 있었기 때문에 우연히 듣게 된 대화에 정신이 번쩍 든 것이다. 무언가를 바라는 욕구가 강하고 명확할수록 관련이 있는 정보가 쉽게 걸려드는 법이다.

2 행운을 끌어당기는 힘 …… 정신적으로 여유가 없는 상태에서는 아무리 많은 우연을 겪어도 이를 필연으로 만들 수 없다. 마음을 편안히 먹고 우연히 일어나는 사건을 환영해야 한다. 다양한 장소에 가서 만남의 기회를 늘린다면 우연을 필연으로 만들기가 더욱 쉬워질 것이다.

3 행운으로 키우는 힘 …… 우연에 의미를 부여해야 한다. P가 사법시험에 도전한 것처럼 우연을 행운으로 키우기 위해서는 행동과 노력이 필요하다. '이거다!' 싶은 기회가 우연히 찾아오면 새가 알을 부화시키듯이 소중히 품기 바란다.

ManAGer

내가 프로듀서이자 매니저다

40대 전반의 여성 임원인 U가 언젠가 이런 말을 한 적이 있다.

"저는 임원으로서 부족한 점이 많습니다. 부하직원을 다루는 데도 서투르고 마음을 열고 이야기하지도 못하고 우선순위를 정하는 데도 아직 익숙하지 않아요. 그런 부분을 고치려고 메모판이나 책상 주변처럼 여기저기 눈에 띄는 곳에 주의사항이랑 명언을 써 붙였어요. 무심코 평소처럼 행동하다가도 그걸 보면 '안 돼. 안 돼'라고 마음을 다잡을 수 있으니까요. 다시 수험생이 돼서 책상 앞에 좌우명을 써 붙이고 입시를 준비하는 느낌입니다."

그 결과는 어떻게 되었을까?

"1, 2년 정도 지나니까 변화가 생기더라고요. 정신을 집중해도 좀처럼 할 수 없었던 일을 쉽게 할 수 있게 됐습니다."

40대의 젊은 나이로 대기업의 임원으로 발탁된 총명한 여성은 보이지 않는 곳에서 이런 노력을 기울였던 것이다.

성과를 올리고 목표를 달성하기 위해 가장 먼저 관심을 기울여야 하는 대상은 바로 자기 자신이다. 사람의 자질에는 도움이 되는 부분도 있고 방해가 되는 부분도 있다. 따라서 장점만이 아니라 결점까지 포함하여 자신의 성격과 행동양식에 대해 정확히 파악하고 있으면 적절한 대책을 세울 수 있다.

아군이 되는 것도 자신이고
적군이 되는 것도 자신이다.

다만 사람의 성격은 동전의 양면과 같다는 점을 주의해야 한다.

예를 들어 성실하고 착실한 성격도 도를 넘으면 번거롭고 까다롭게 보이고 매우 상냥한 성격도 도를 넘으면 우유부단하게 보인다. 자칫 잘못하여 오해를 사지 않도록 적정선을 지키는 것이 중요하다.

명 프로듀서이자 명 매니저가 되었다는 마음으로 자신의 성격과 행동양식을 정확히 파악하고 자신과 친하게 지내면서 능력을 발휘할 수 있도록 도와주자.

"너는 밝고 활기가 넘치니까 영업에 잘 맞아. 하지만 조금 더 다른 사람을 배려해야 해."

"너는 기한이 아슬아슬하지 않으면 움직이지 않으니까 마감일은 3일 후로 정한다!"

이런 식으로 자신을 관리하는 것이다.

조금은 무자비한 프로듀서 겸 매니저가 되는 편이 성장에는 훨씬 도움이 될 것이다.

반성은 해도
후회는 하지 않는다

8

일을 하다 보면 우울을 가져오는 요인과 맞닥뜨리게 되는데 이는 산처럼 가득 쌓여 있어서 결코 사라지지 않는다. 실수를 저질렀을 때, 혼이 났을 때, 오해를 받았을 때, 노력을 보상받지 못할 때는 '잘 되지 않네'라고 실망을 하거나 '아, 난 정말 가망이 없구나'라고 자신을 탓하게 된다.

아무리 열심히 일을 하고 있어도 우울을 가져오는 요인은 연이어 사정없이 들이닥친다.

그럴 때는 우울해져도 된다. 이는 성실하게 일에 몰두하고 있다는 증거다. 우선은 그 우울한 감정을 받아들이자.

다만 그런 기분에 계속해서 젖어 있거나 필요 이상으로 빠져 있으면 몸이 버텨내질 못한다. 상황은 좋아지지 않고 '엎친 데 덮친 격'으로 더욱 큰 불행을 불러들이고 만다. 무엇보다도 기분전환이 중요하다.

아무리 넘어져도 다시 일어서는 오뚝이처럼 '탄력성'과 '유연성'을 가져야 한다.

우울을 날려버리는 세 가지 단계는 다음과 같다.

1 '이대로도 좋다'라고 생각한다. 그렇게 생각하기 힘들다면 '피할 수 없었다'라고 생각한다. 세상에는 필연이 아닌 사건은 없다. 여러 조건이 겹쳐서 일어나야 하니까 일어나는 것이다. 무언가를 알려주고 깨우쳐주는 신호라고 이해하자. 현실을 외면하지 않고 떳떳하게 받아들여서 아군으로 만들어야 한다.

2 '이 문제가 해결되면 어떻게 될까'라며 도착지, 즉 목적지를 머릿속에 그린다. 순조롭게 문제가 해결되거나 목표를 달성한 후의 '이상적인 상태'를 상상해보는 것이다.

3 목적지에 도달하기 위해서는 '어떻게 하면 좋을까?'라며 방법이나 절차를 강구하여 실행에 옮겨야 한다. 능력이 닿는 한

계속해서 대응책을 시행해보고 배울 점을 찾기 바란다. 몇 번이고 다시 도전하거나 궤도를 수정하는 것도 좋다. 조금씩이라도 목적지에 다가가야 한다.

우울하다고 느낀다면 재빨리 앞의 세 가지 단계를 밟기 바란다. 정신을 단련하면 '아, 이런 일도 있을 수 있지'라며 작은 일에는 기가 꺾이지 않는 사람이 될 것이다. 반성은 하되 후회는 하지 말아야 한다. 언제까지나 우울한 감정에 젖어 있을 여유는 없다.

DesiRe

목표는
사람을 강하게 만든다

공부, 다이어트, 운동 등 아무리 굳게 다짐한 일도 작심삼일로 끝나는 경우가 많다.

의욕은 본래 가만히 내버려두면
점점 약해지는 습성이 있다.

따라서 달래거나 속이거나 하면서 의욕을 고취시킬 수밖에 없다.

다음은 의욕을 높이는 작전이다. 수단과 방법을 가리지 않고 완수하기 바란다.

* 작전 1 ······ 목적의식을 가진다. 목적이 명확하지 않으면 꾸준히 할 수 없다. '어째서 이 일을 하는 것인가'라는 목적을 확실히 정해야 한다. 그리고 목적지를 가능한 한 구체적으로 머릿속에 그리기 바란다. 그 그림이 의욕을 불러일으키는 응원단이 된다.

* 작전 2 ······ 일단 행동한다. "뇌와 몸 중에 어느 쪽이 주도권을 쥐고 있는가"라는 질문을 받는 많은 뇌 과학자가 "몸이 주도권을 쥐고 있다. 머리로 생각할 때 의욕이 생기는 것이 아니라 몸을 움직일 때 뇌가 활성화되어 의욕이 생긴다"라고 답했다. "즐거우니까 웃는 것이 아니라 웃으니까 즐거워진다"라는 말도 이러한 메커니즘에 따른 이야기다. 몸을 움직이면 의욕이 생기므로 즐거워지거나 흥미가 솟는다.

* 작전 3 ······ 작은 목표를 달성하여 기쁨을 느낀다. 어떤 목표든지 스스로 설정하는 것이 중요하다. 다만 너무 큰 목표는 의욕을 떨어뜨리므로 가능한 한 단기간에 달성할 수 있도록 세분화하여 계획한다. 성취감을 맛보면 뇌에 도파민이라는 쾌락 물질이 분비되므로 다음 단계로 올라갈 자신감과 의욕이 생긴다. 하루하루의 성장을 확인할 수 있도록 수첩이나 달력에 표시를 해두는 방법도 좋다.

＊작전 4 …… 형식부터 차린다. 자비를 들여 도구나 교재를 마련한다. 이미 목표를 달성한 사람처럼 행동한다. 같은 목적을 가진 동료와 교류한다. 가족과 친구에게 목표를 선언한다. 이와 같이 형식부터 차리는 것도 하나의 방법이다.

＊작전 5 …… 목표를 유연하게 바꾼다. '반드시 해내겠다'라는 굳은 결심으로 한 번 세운 목표에 지나치게 연연하면 목표를 달성하기는커녕 고통만 겪게 되는 경우도 있다. 그때그때의 상황에 알맞게 목표를 변경할 필요도 있다.

의욕은 심신의 건강상태와도 밀접한 관계가 있다. '건강하니까 목표를 달성하려는 의욕이 생기는 경우'도 있지만 '목표를 달성하려는 의욕이 있으니까 건강해지는 경우'도 있다. 목표는 사람을 강하게 만든다.

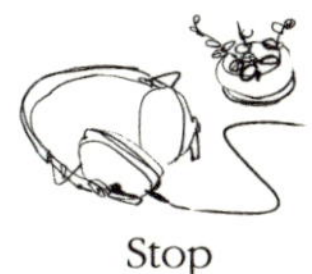

일단 중단하거나
진로를 바꾸는 것도 좋다

일을 하다 보면 고민을 넘어서 절망에 이르러 아무런 희망도 찾지 못하게 되는 경우도 있고, 견디기 힘든 고통을 짊어지게 되는 경우도 있다. 더 이상 아무것도 하고 싶지 않다거나 회사조차 가기 싫다는 생각도 한두 번쯤은 모두 해봤을 것이다.

나 역시 그런 생각을 셀 수 없이 했다.

하지만 수없는 경험 끝에 한 가지만은 자신 있게 말할 수 있게 되었다. 현재의 상태가 영원히 이어지지는 않는다는 사실이다.

주변의 상황도 자신의 기분도 매일 달라진다. 일단 아침에 일어나 일을 해본다. 그리고 일단 오늘 하루만이라도, 아니 3개월만이라도 열심히 살아본다. 기한을 정해놓고 움직이면 '내 인생도 제법 괜찮네', '좋은 일도 있구나'라고 느끼는 순간은 틀림없이 찾아온다.

'조금만 더 조금만 더'의 축적이 커다란 성과로 나타나기도 한다. 아무리 깊은 밑바닥으로 떨어졌더라도 자연히 올라가게 된다. 시간이 흐르면 '그런 일이 있었기 때문에 지금의 내가 있다'라고 생각하게 될 것이다.

할 수 있는 데까지 다 해봤는데도 절망에서 벗어날 수 없을 때 취할 수 있는 최후의 수단은 그만두는 것이다. 이것은 언제든지 사용할 수 있는 수단이므로 마지막의 마지막까지 고이 간직해두어야 한다.

우리는 행복해지기 위해 일을 한다. 자신이 불행해지거나 희생이 요구된다면 지금 당장 그만두는 편이 낫다. 다만 고된 과정이 필요한 성장, 혹은 고통이 따르는 즐거움도 있으므로 신중하게 판단해야 한다.

고통스러운 상황에 대응하기 위한 방법은 다음과 같다. 이해득실이나 시시비비보다는 자신의 바람을 기준으로 판단한다. 또한 고정관념이나 주위사람의 의견에 얽매이지 않는다. 규칙을 너무 많이 만들지 않는다. 흑색이나 백색만이 아니라 회색도 인정한다.

어디까지나 자기 자신을 위주로 결정하면 된다. 무언가를 반드시 해야 한다는 압박감에 시달릴 필요는 없다.

용기를 가지고 중단하거나 변경하는 것도 좋다.

모순이 있어도 상관없다. 유연하고 떳떳하게 행동하기 바란다. 주위에 피해가 가지 않도록 마무리만 확실히 하면 된다.

자신의 인생은 자신이 만들어갈 수밖에 없다. 마지막까지 책임을 지고 살아가야 한다.

PridE

어중간한 자존심은 버린다

상경한 지 얼마 지나지 않아 공장 근로자, 배송회사 직원, 선술집 종업원을 겸하고 있을 때 이런 말을 들은 적이 있다.

"나는 자존심이 상해서 그런 일은 못할 것 같아."

이 말을 한 여성은 콜센터에서 함께 일하던 동료였다. 내가 보기에는 콜센터의 일이나 공장의 작업이나 별 차이가 없었다. 공장에도 성심성의껏 일을 하는 고참 선배와 친절하게 이것저것 일러주는 동료가 있었고 모두 자신의 일에 자부심을 갖고 일을 하는 사람들이었다. 범죄를 제외한다면 일에는 선도 없고 악도 없다. 위아래도 없다. 어떤 일이건 직종의 차이, 입장의 차이만이 존재한다.

"실력도 없고 나이도 어린 상사한테 지시를 받기엔 내 자존심이 허락하지 않아."

"예전보다 낮은 연봉을 받으면서 일하려니 속상해서 견딜 수가 없어. 자존심을 버려야만 일을 할 수 있는 걸까."

이런 말을 하는 사람들은 잘못된 자존심을 가지고 있다. 그렇기 때문에 겸손해지지 못하는 것이다. 어중간한 자존심은 세상을 살아가는 데 방해가 되므로 미련 없이 버려야 한다.

일을 하고 있다는 것은 자신을 불러주고 돈을 지불하는 사람이 있다는 뜻이다. 그것만으로도 충분히 가치가 있고 고귀한 일이다. 진정한 자존심은 일에 대한 긍지다. 진정한 자존심은 스스로 만든다. 최선을 다하는 것, 다른 사람에게 기쁨을 주는 것, 급여 이상으로 일을 하는 것, 기술이나 자격증을 가지고 있는 것에 자부심을 느끼는 사람도 있고 회사의 이름에 자부심을 느끼는 사람도 있다. 너무 의존하지만 않으면 된다. 자부심은 일을 하고자 하는 의욕을 뒷받침해준다.

자신의 일을 사랑하고 긍지를 가지는 사람은 멋있다.

나는 자부심을 가지고 일을 하는 사람을 존경한다. 하나의 주제로 50년간 사진을 찍고 있는 사진가, 살아 있는 채소사전이라고 불리는 채소가게 주인, 구두를 예술품으로 승화시키는 구두닦이 장인, 몸에 좋은 재료만을 고집하는 요리사, 죽어가는 환자를 보살피는 일에 열정을 쏟는 간호사. 이들은 자신의 일을 진심으로 사랑한다. 그러므로 요령을 피우지 않고 최선을 다해 일을 할 수 있는 것이다.

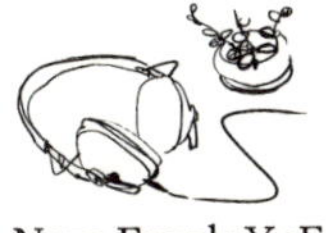

New EmploYeE

부지런한 신입은 계속 나온다

나는 매우 낙관적인 인간으로 보이는 모양이다. 물론 낙관적인 것은 사실이지만 어느 정도 위기감을 가지고 있는 것도 사실이다. 어떤 일을 하고 있든지 어떤 입장에 서든지 마찬가지다. 정규직이든 비정규직이든 임시직이든 계약직이든 상관없다.

내가 항상 약간의 위기감을 가지고 일하는 이유는 현재의 상태가 영원히 이어질 리가 없기 때문이다. 지금은 프리랜서이므로 해고를 당할 일은 없지만 일감이 줄거나 원치 않는 일을 맡게 되는 경우는 얼마든지 있다. 주어진 일만 한다면 '그 정도 일 처리는 누구든지 할 수 있다'는 평가를 받게 된다. 부지런한 신입은 끊임없이 나타날 것이다. 그러므로 현재의 위치에 안주하거나 최선을 다하지 않으면 머지않아 일을 의뢰하는 사람이 없게 된다.

경력이 많기 때문에 오히려 '눈엣가시', 다시 말해 거추장스러운 존재가 되어버리는 경우도 있다.

주변 상황이 계속해서 변화하는데도 홀로 정체된다면 금세 일자리를 빼앗기고 만다. 게다가 '불러주는 곳이 없다', '나 말고도 이 일을 할 수 있는 사람은 많다'라고 느끼면서 일을 해야 하는 상황은 매우 큰 고통을 수반한다.

그러므로 이런저런 궁리를 거듭해야 한다. '나에게 무엇을 기대하고 있는 걸까', '내 역할은 무엇일까', '나에게 일을 맡긴 사람을 위해 무엇을 할 수 있을까'라고 끊임없이 자문하는 것이다. 수동적인 자세에서 한 발 나아가 적극적인 자세로 일에 임하면 해야 할 일이 보이기 시작한다.

기대 이상의 일을 하는 것을 비롯하여 팀을 통솔하는 것, 분위기 메이커가 되는 것, 개선점을 제안하는 것, 사무실을 깨끗하게 청소하는 것 등 할 수 있는 일은 많다. '역시 대단해', '꼭 필요한 사람이야'라는 인상을 주면 웬만해서는 일자리를 잃지 않는다.

위기감은 불안도 아니고 비관도 아니다. 위기감은 자극이다.

성장 역시 위기감에서 비롯된다. '안정'이라는 개념은 던져버려라.

연애를 떠올려보자. 사랑을 받는 사람이 되기 위해서는 계속해서 자신을 가꾸고 상대를 기쁘게 만들어야 한다. 지나치게 편하게 굴거나 과도한 요구를 하면 사랑을 받기는커녕 실망만 안겨주게 될 것이다. 일도 마찬가지다. '요청을 받는 사람', '대우를 받는 사람'이 되기 위해서는 어느 정도 위기 의식을 가져야 한다. 적당한 위기감이 신선한 자극이 되어 기분 좋은 긴장감을 줄 것이다.

제5장
싸우지 않고 이기는 여자들의 전술

적을 내 편으로 만드는 것은 모두 나 하기 나름이다.

주위사람을 인정하고 그들에게 웃음을 보일 때

나에게 답하지 않을 사람은 없다.

PeRsoNality

좋은 인품도 하나의 기술이다

연예계 관련업에 종사하는 여성이 이런 말을 한 적이 있다.

"아무리 인기가 많은 연예인이라도 잘난 척하고 제멋대로 굴어서 스태프나 동료 연예인이랑 좋은 관계를 만들지 못하면 금방 사라져요. 싫은 사람이랑 같이 일하고 싶어 하는 사람은 없잖아요."

혹독한 연예계에서 살아남기 위해서는 외모나 실력도 중요하지만 무엇보다도 좋은 인품이 필요하다. 좋은 인품을 갖추면 주위사람에게 사랑받고 도움을 얻는다. 따라서 기회도 찾아오고 자연히 실력도 향상된다.

이는 연예계만이 아니라 어느 분야나 마찬가지다. 회사에서 사원을 채용할 때도 고도의 전문적인 능력이 필요한 경우가 아니라면 '이 사람과 함께 일하고 싶다'라는 생각이 들게 만드는 인품이 결정적인 열쇠가 된다. 내가 채용 담당자일 때도 그랬다.

인품이 좋으면 원만한 인간관계를 구축할 수 있고 회사의 분위기도 살릴 수 있다. 회사가 성장하는 데도 힘을 보탤 수 있다.

인사 담당자 중에는 '함께 술을 마시고 싶은지 아닌지'로 채용을 결정하는 사람도 있다. 언뜻 무책임하게 느껴지지만 일을 믿고 맡길 수 있는 사람인지, 함께 있어도 피곤하지 않은 사람인지, 인간적인 매력이 있는 사람인지를 파악하고 인품을 판단하는데 효과적인 기준이 된다고 한다.

아무리 일을 잘하더라도 자신만 옳다고 생각하고 다른 사람을 탓하거나 무시하는 사람과 함께 일하면 누구나 괴로워진다.

반대로 일은 그다지 잘하지 못하더라도 남을 잘 배려하고 편안하고 활기가 넘치는 사람과 함께 일하면 누구나 기분이 좋아진다.

과연 어느 쪽이 회사에 필요한 사람일까?

인품은 매우 중요한 대인관계 기술이다.

하지만 배울 수도 없고 공부할 수도 없다. 지금까지 차츰차츰 형성된 성격에 좌우되는 만큼 금세 바뀌지도 않는다. 꾸준히 인간성을 갈고닦는 수밖에 없다. '인간적인 매력'이 느껴지는 사람을 모방하는 것도 좋은 방법이다. 만약 그런 사람이 없다면 '미소로 대한다', '먼저 말을 건다', '상대방의 입장이 되어 생각해본다'와 같은 간단한 방법부터 시도해보기 바란다.

PaRtner

상대를
우선으로 한다

이직과 전근의 경험이 많은데도 20대 무렵에는 새로운 직장에 적응하기가 쉽지 않았다. 하지만 지금은 전부는 아니더라도 대부분의 직장에 적응할 자신이 있다. 친해지기는 힘들더라도 어떻게든 끼어들 자신이 있는 것이다.

많은 직장을 거치면서 배운 것은 '얼른 적응해야 해'라며 조바심을 낼 필요가 없다는 점이다.

과거의 나처럼 '좀처럼 회사에 적응하지 못하는 사람'은 '적응하지 못하면 안 돼'라는 지나친 압박감으로 인해 도리어 소외감을 느낀다.

예를 들자면 단체 줄넘기를 하고 있는 사람들 사이에 끼어들지 못하고 그 주위를 어슬렁거리고 있는 상태라고 할 수 있다. 마음을 굳히고 과감하게 줄 안으로 뛰어들어도 역시나 줄에 발이 걸리는 바람에 싸늘한 시선을 받기 일쑤다.

단체 줄넘기에 참여하고 싶다면 우선 사람들이 줄을 넘는 모습을 꼼꼼히 살피고 줄을 돌리는 박자에 맞춰 '1, 2, ……'라고 중얼거리거나 고개를 끄덕거리면서 마음의 준비를 해야 한다. 그러면 의외로 간단히 줄 안으로 들어갈 수 있다.

다시 말해 자신을 내세우기보다는 상황을 관찰하고 상대를 이해하는 데 초점을 맞추어야 한다. 인간관계에는 '상대 우선의 원칙'이 있다.

친해지고 싶다면 우선 상대의 이야기를 듣고 공감을 표하는 일부터 시작해야 한다.

다만 겉으로만 수용하고 속으로는 거부하는 상황이 벌어지지 않도록 주의해야 한다. 세상을 어느 정도 알고 다른 사람에게 맞추는 데 익숙한 30대나 40대에 주로 나타나는 현상이다. 다양한 경험을 가지고 있는 만큼 작은 마찰에도 '역시 나한테는 안 맞아', '이 회사는 좀 이상하네'라고 예민하게 느끼기 때문이다. 유연성이 없어진 것도 하나의 원인일지 모른다.

하지만 다른 사람에게 맞추기 위해 자신을 바꿀 필요는 없다. '뭐든지 좋아'라고 생각하면 된다. 우선 "로마에 가면 로마법을 따라야 한다"라는 말처럼 일단 마음을 열고 겸허하게 배운다. 익숙해지면 서서히 자신의 방식을 시도한다. 이러한 2단계 과정을 통해 적응하기 바란다.

세상에서 일어나는 일이나 주위사람을 흔쾌히 받아들인다면 삶도 분명히 편해질 것이다.

DistAncE

적당한 거리에서 상대를 조정한다

기업이 신입사원에게 요구하는 가장 중요한 역량은 바로 커뮤니케이션 기술이다. 그만큼 커뮤니케이션 기술이 뛰어난 사람이 부족하다는 반증이 아닐까.

여기에 바로 기회가 있다! 20대나 30대에 가능한 한 많은 사람과 만나서 커뮤니케이션 기술을 단련하자. 반드시 사회에서 필요로 하는 사람이 될 것이다.

커뮤니케이션 기술이라고 하면 범위가 넓지만 간단하게 말하면 상대를 이해할 수 있는 능력을 의미한다. 상호작용이 중요하므로 다음과 같은 요소를 갖추어야 한다.

1 상대를 이해한다.

2 상대에게 이해를 받는다.

상호간의 균형이 이루어져야 한다. '자신은 상대를 알지만 상대는 자신을 모른다', '자신에 관한 이야기만 한다'는 상황이 일어나지 않도록 해야 한다. 균형을 유지하기 위해서는 마음을 열어 상대를 받아들이면서 차츰차츰 자신을 드러내는 방법이 가장 효과적이다.

우선 상대를 이해한 다음에 상대에게 이해를 받는 것이다. 상대에게 맞추고 있는 듯하면서 실은 상대를 유도하고 있다면 커뮤니케이션 기술의 달인이라고 할 수 있다.

커뮤니케이션에서 중요한 것은 거리감이다. 너무 가깝지도 않고 너무 멀지도 않은 적당한 거리감이 필요하다. 한 사람 한 사람 가장 적합한 거리감을 유지하는 것이다. 이는 이성적으로 판단하는 것이 아니라 감각적으로 터득해야 한다. 상대가 슬쩍 비치는 표정이나 시선, 동작을 놓치지 말아야 한다. 이처럼 미묘한 분위기를 읽어내는 능력은 많은 만남과 경험을 통해 연마할 수 있다.

또한 상대의 '입장'을 이해해야 한다. 자신의 입장만을 고집하면 서로의 거리를 좁힐 수 없다.

상대의 입장에서 생각해보면
다른 사람의 심정을 헤아릴 수 있고
여태까지 알지 못했던 사실도
새로이 깨달을 수 있다.

현대사회에서는 정규직, 비정규직, 시간제 근무, 아르바이트 등 다양한 위치의 사람들이 한 직장에서 뒤섞여서 일하고 있다. 서로의 입장을 존중하면서 원활한 커뮤니케이션을 취하는 것은 조직을 위해서도 반드시 익혀야 하는 매우 중요한 기술이다.

CompRehensioN

착하게 사는 것도
인간관계의 전략

자신을 알아주는 사람만큼 든든한 존재는 없다. '좋은 이해자'는 모든 사람이 애타게 찾고 있는 존재라고 해도 과언이 아니다. 좋은 이해자가 되기 위해서는 상대를 받아들이는 포용력과 따뜻한 배려가 필요하고 때로는 강한 인내심도 필요하다.

32세의 회사원 E는 동료들 사이에서 '언니'로 통한다.

동료들에게서 하루가 멀다 하고 푸념이나 하소연이 날아든다.

가끔은 병이나 이직, 실연, 불륜, 우울증과 같이 정답을 찾을 수 없는 심각한 상담을 청해오는 경우도 있지만 E는 의연하다.

"굳이 정답을 찾아줄 필요는 없어요. 고민을 털어놓기만 해도 속이 시원해질 때가 있잖아요. 저는 그냥 열심히 들어주기만 하면 돼요.”

이러한 ‘사내 테라피스트’를 원하는 사람은 앞으로 더욱 늘어날 듯하다. 고민이나 불평만이 아니라 가치관을 이해하기 위한 노력도 중요하다. 이는 언어적인 신호만이 아니라 비언어적인 신호로도 판단할 수 있다. 평상시의 행동을 통해 그 사람의 마음을 간파하는 것이다.

**사람은 자신과 비슷한 사고방식을 가진
사람에게 끌리는 법이다.**

따라서 상대가 어디에 관심이 있는지, 무엇을 소중히 여기는지 파악한다면 상대에게 다가가는 방법도 자연히 알게 된다. 예를 들어 상하관계에 민감한 사람에게는 예의를 다하고, 성과를 중시하는 사람에게는 결과를 보여주고, 팀워크를 소중히 여기는 사람에게는 연대감을 표하는 식이다. 상대의 개성을 존중하는 태도는 굳은 신뢰를 얻을 수 있다.

또한 노고를 치하하고 성공을 축하하며 상처를 달래주는 등의 작은 배려에도 상대는 힘을 얻게 될 것이다.

상대를 알고 싶다면 애정을 가지고 세심히 관찰하기 바란다.

CouNsel

받는 사람에서
주는 사람이 되자

5

상담을 청할 수 있는 사람이 있는가? 반대로 상담을 청해오는 사람이 있는가? 가능하다면 상담을 하는 사람과 상담을 받는 사람, 어느 쪽이나 될 수 있는 균형 잡힌 존재가 되기 바란다.

**상담을 청할 수 있는 사람이 있다는 것은
의지할 수 있는 사람이 있다는 뜻이다.**

고민이나 문제를 혼자 안고 있는 것은 몹시 괴로운 일이다. 이야기를 들어주거나 지혜를 빌려주는 사람이 있으면 든든하다. 마음이 가벼워질 뿐 아니라 다른 각도에서 볼 수 있게 되어 깨끗하게 해결할 수도 있다.

상담을 잘하는 사람일수록 생활도 잘하고 처세에도 뛰어나다. '상담을 청할 수 있는 사람이 있다'는 것은 기쁜 일이지만 더욱 기쁜 일은 '상담을 청해오는 사람이 있다'는 것이다. 의지가 되는 존재이자 '이 사람에게 조언을 받고 싶다', '이 사람이 내 이야기를 들어주면 좋겠다'라고 인정받는 존재라는 뜻이기 때문이다. 이런 사람은 주위사람들이 가만히 두지 않는다.

특히 40대 이후는 그동안 터득한 삶의 지혜를 본격적으로 사회에 환원하는 시기다. '받는 사람'에서 '주는 사람'으로 역할이 바뀌는 것이다. 최대한 많이 줄 수 있는 40대가 되기 위해 조금씩 준비운동을 해두기 바란다.

다른 사람에게 기운을 주면 자신도 기운이 난다. 긍정적인 말을 사용하고 다른 사람에게 도움이 되는 일을 이것저것 생각하는 사이에 자신의 고민도 객관적으로 보게 되고 '별거 아니잖아' 하며 툴툴 털게 된다. 누군가에게 의지를 받으면 '의지가 되는 사람'이 되고자 한다. 사람은 주어진 역할을 완수하고자 성장하게 되어 있다.

만약 주위에 자신보다 연하인 사람이 많은데도 누구 한 명 상담을 청해오지 않는다면 자신에게 무언가 문제가 있지는 않은지 생각해보기 바란다.

표정이 좋지 않은 사람이 있을 때는 "괜찮아?"라고 말을 걸어
본다. 자연스럽게 도와주는 행동의 첫걸음이다.

작은 배려로 신뢰를 조금씩 두텁게 쌓아가기 바란다.

ReturN

한 푼의 이득도 되지 않는 일을 한다

다음 중 해당되는 항목이 있다면 전부 표시하기 바란다.

☐ 자신에게 도움이 되는 일을 한다.

☐ 자신에게도 도움이 되고 다른 사람에게도 도움이 되는 일을 한다.

☐ 자신에게는 도움이 되지 않아도 다른 사람에게 도움이 되는 일을 한다.

만약 모든 항목에 표시를 했다면 기뻐해도 좋다. 주위에 사람이 몰려들어 자신이 베푼 것보다 많은 은혜를 입을 것이다.

자신과 다른 사람을 위해 무언가를 하는 사람은 많지만 자신에게 이익이나 보상이 없는데도 다른 사람만을 위해 무언가를 할 수 있는 사람은 그다지 많지 않다.

40대 후반의 코디네이터 T는 그 많지 않은 사람 중의 한 명이다. 아무리 바빠도 다른 사람을 돌보는 시간은 아끼지 않는다. 한 푼의 이득도 되지 않는 경우에도 마찬가지다. 많은 사람을 위해 일을 거들고 유익한 정보를 제공하고 다른 사람을 소개한다. 나를 위해서도 사진전을 기획해주거나 책을 선전해주거나 한다. 항상 '주는 사람'이다.

"그야 다들 재능이 뛰어나니까 그렇죠. 그대로 두기엔 너무 아깝잖아요."

이런 T이므로 다들 기회가 있을 때마다 T를 위해 무언가를 하려고 한다. T가 한마디 꺼내면 많은 사람이 모여들고 일이 끊이지 않는다. T가 하는 일이 순조로우면 진심으로 기뻐한다.

대가를 바라지 않는 호의는 다른 사람에게 감동을 준다. 또한 호의를 입으면 어떻게든 갚고 싶은 것이 사람의 정이다. 그러한 감사와 존경, 선의의 마음은 그 이상의 호의가 되어 돌아온다. 직접적으로 돌아오는 것도 아니고 특정한 사람에게서 돌아오는 것도 아니지만 어떻게든 돌아온다는 것만은 분명하다.

자신이 한 일은
그대로 부메랑이 되어 자신에게 돌아온다.

‘한 푼의 이득’도 되지 않는 일을 하면 ‘몇 만 배의 덕’이 쌓인다. 이해득실이나 이기주의에서 해방되었을 때 진정한 관계가 구축되는 것이다.

사람은 본래 자신을 위해서는 좀처럼 해내지 못하는 일도 다른 사람을 위해서는 의욕적으로 해내는 법이다.

다른 사람이 기뻐하는 것이 즐겁고 다른 사람에게 도움이 되는 것이 자랑스럽기 때문이다.

받는 것도 행복하지만 주는 것이 더욱 행복하지 않을까?

Care

작은 배려 하나가
천냥 빚을 갚는다

배려를 잘하는 여성을 싫어하는 사람은 없다.

배려심이 깊은 사람이 되기 위해서는 다른 사람의 행동을 보면서 '내가 할 수 있는 일은 없을까?'라고 생각해야 한다. 그리고 즉시 행동에 옮겨야 한다. 이러한 두 가지 습관이 생기면 누구나 배려심이 깊은 사람이 된다. 상대를 기쁘게 만들 수 있으므로 인간관계도 놀랄 정도로 좋아진다.

물론 이러한 배려는 훌륭하다. 하지만 더욱 큰 감동을 느낄 때는 아무도 눈치 채지 못하는, 눈에 보이지 않는 배려를 접하는 경우다.

나 역시 그런 배려에 몇 번이나 도움을 받았다. 실수를 추궁하지 않고 덮어주었던 상사, 사이가 틀어진 동료와 화해할 수 있도록 중재해주었던 선배, 아무도 모르게 일을 거들어주었던 동료의 배려를 나중에서야 '아 그랬구나'라고 깨닫고 몸 둘 바를 모를 정도로 감사했던 적이 많다.

또한 도움을 줄 때 "겸사겸사하는 거지 뭐", "마침 근처에 올 일이 있어서 들렀어"라며 자신을 내세우지 않고 상대가 부담을 느끼지 않도록 배려하는 사람을 보아도 가슴이 뭉클해진다.

침울해하고 있으면 밥이라도 먹자며 끌고 가서는 우울한 이야기는 피하고 웃긴 이야기만 해주는 사람, 자연스럽게 다른 사람과 어울릴 수 있도록 자리를 마련해주는 사람, 잘못을 지적하지 않고 스스로 깨닫게 해주는 사람. 이처럼 신중한 배려로 가만히 지켜봐주는 사람들에게 종종 감동을 받는다.

진정한 배려는 눈에 보이지 않으므로 알아차리기가 어렵다.

나도 일을 시작한 지 얼마 되지 않았을 때는 너무 둔감한 탓에 말이나 행동의 이면에 감추어진 깊은 배려를 알지 못했다. 다른 사람의 친절이나 마음의 고통을 조금씩 깨닫게 된 이유는 다양한 경험을 쌓았기 때문이다. 쓰라린 실패를 포함한 모든 경험이 재산이자 토대가 된 것이다.

소설가 세토우치 자쿠초의 책에 이런 구절이 있다.

"진정한 친절이란 상대를 이해하고 상대의 심정을 헤아리는 상상력을 가지는 것이다."

다른 사람이 베푸는 친절은 금세 눈치 채고 자신이 베푸는 친절은 들키지 않도록 조심하는 사람이 나중에 좋은 결과를 얻는다.

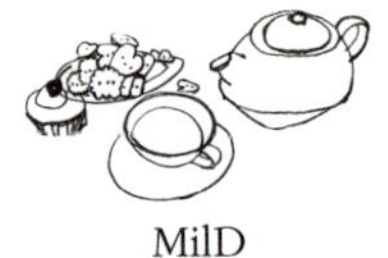

MilD

싸우지 않는 여자가 되자

세상에는 무정한 사람만 있다고 생각하는가?

하지만 세상에는 무정한 사람만 있는 것이 아니다. 세상이 비정하게 보일지 모르지만 어려운 사람을 도와주려는 따뜻한 마음씨를 지닌 사람은 수없이 많다.

성선설을 믿을지 성악설이 믿을지는 자유지만 인간에게는 좋은 점도 있고 나쁜 점도 있다. '큐브 퍼즐'처럼 여러 면이 있어서 어느 면을 접하는지에 따라 좋은 사람도 되고 나쁜 사람도 되는 것이다. 즉 적군도 될 수 있고 아군도 될 수 있다.

기왕이면 좋은 면으로 접하는 편이 편리하고 유리하다.

**상대를 좋은 사람으로 만들기 위해서는
자신이 먼저 좋은 면을 보여주어야 한다.**

대부분의 경우에는 마음을 열고 우호적으로 대하면 사이가 좋아지지만 개중에는 적의를 드러내는 사람도 있을 것이다. 그럴 경우에는 결코 싸워서는 안 된다. "싸울 생각은 없습니다. 우린 아군이니까요"라며 백기를 흔들면 된다. 졌다는 느낌이 들어 억울할지도 모르지만 "지는 것이 이기는 것이다"라는 말도 있지 않은가. 수준 낮은 싸움에 휘말려봤자 서로에 대한 적의만 커지고 피곤해질 뿐이다.

싸우지 않고 이기는 여덟 가지 전술은 다음과 같다.

1 '원래 그런 사람'이라고 단념한다. (명백하게 인정하는 것이다.)

2 상대의 변명을 먼저 듣고 심정을 이해해준다.

 (이때 상대의 이름을 부르면 효과적이다.)

3 서로의 공통점이나 비슷한 점을 찾아서 공감대를 형성한다.

4 장점을 발견하고 칭찬한다. (최대한 자연스럽게 칭찬해야 한다.)

5 자신의 약점이나 실패담을 고백하며 속내를 털어놓는다.

 (상담하는 것도 도움이 된다.)

6 상대가 원하는 정보를 제공한다.

7 상대를 긍정하면서 "나는 이렇게 생각해요"라고 은근슬쩍 자신의 의사를 표시한다.

8 적당한 거리감을 취한다.

이러한 전술을 사용하면 괴물처럼 느껴졌던 적군은 귀여운 아군이 된다! 게다가 조금 까다로운 사람일수록 아군이 되었을 때 더욱 든든한 서포터가 된다. 적군을 아군으로 바꾸는 기술을 익히면 평생 '세상에는 무정한 사람만 있는 것이 아니다'라고 믿는 행복한 사람이 될 것이다.

SuGgest

사소한 의견이라도
반드시 말한다

'자신의 의견을 좀처럼 말할 수 없는 사람'은 주위를 지나치게 의식하는 경향이 있다. '저 사람은 나를 어떻게 생각할까', '내 의견은 무시당하지 않을까', '나만 참으면 되지 않을까'라며 주위를 지나치게 의식한 나머지 입을 꾹 다물어버리는 것이다.

한때는 나도 그랬다. 하지만 그런 나를 바꿔준 사람이 있다. 여성 정보지를 만들 당시 편집장이었던 I(30대 후반)다. I는 상사나 디자이너, 영업 담당자 등과 격렬하게 의견을 주고받는 일이 많았고 때로는 감정적으로 부딪치는 일도 있었다. 하지만 토론이 끝나면 까맣게 잊어버렸다. 뒤끝이 없고 누구와도 쉽게 친해지는 사람이었다. I는 언젠가 이렇게 말했다.

"좋은 잡지를 만들려고 하는 목적은 모두 같잖아요. 그 목적을 이루기 위해서는 어떻게 하면 좋을지에 대해 다양한 각도에서 의견을 나누는 게 정말 중요하죠."

I는 재미있고 도움이 되는 정보를 만든다는 목적을 이루기 위해 열과 성을 다했다. 그러므로 다들 진지하게 의견을 주고받을 수 있었던 것이다.

일을 잘하려고 하면 자연히 "이렇게 하는 편이 좋지 않을까"라는 의견은 나오기 마련이다. 고용주 입장에서 보면 지시를 따르기만 하는 사람보다 자신의 의견을 적극적으로 피력하는 사람이 더욱 소중하다. 팀도 성장하고 회사도 성장할 수 있기 때문이다.

자신의 의견을 말할 때는 주위사람이 적군으로 보이기 쉽지만 혼자 생각하는 것이 아니라 함께 생각한다는 자세를 가지면 마음이 편안해진다. 설령 공격을 받더라도 목적은 같기 때문이다.

사소한 의견이라도 말할 수 있게 되면
신기할 정도로 의욕이 생기고 인정을 받게 된다.

자신을 둘러싼 분위기도 전혀 달라진다. '그래도 못하겠어!'라는 사람에게는 의견을 쉽게 말할 수 있는 방법을 소개하고 싶다.

1 우선 이야기를 열심히 듣는다. (상대도 이야기를 열심히 들어줄 것이다.)

2 상대의 의견을 부정하지 않고 "이건 어때요?"라며 상대의 의견에 덧붙이듯이 말한다.

3 상담이라는 형태를 빌려서 의견을 개진한다.

4 "저는 이렇게 생각합니다"라며 자신의 의견을 확실히 전달하는 데 집중한다.

5 어떤 결과가 나오든지 그 자리에서 의견을 조정한다.

6 평소에 잡담을 나누면서 부담 없이 말할 수 있는 분위기를 조성한다.

PraisE

칭찬과 충고에 능숙해진다

리더의 역할을 맡게 되면 반드시 칭찬과 충고를 해야 하는 순간 이 찾아온다.

리더는 당근과 채찍을 사용하여 부하에게 동기를 부여해야 하지만 어설프게 칭찬하거나 나무라면 오히려 의욕을 꺾게 될 우려가 있다. 그보다는 아무리 작은 일이라도 기분 좋게 칭찬하는 편이 의욕을 북돋아 스스로 움직일 수 있게 만든다.

칭찬을 하면 인간관계도 한층 가까워진다.

상사, 부하, 동료, 후배, 가족, 연인, 친구를 비롯한 모든 사람이 칭찬해주는 사람을 좋아한다. 자신에게 특별한 가치를 부여해

주는 사람이기 때문에 마음을 허락하고 인정하고 힘이 되려고 하
는 것이다.

칭찬을 잘하는 일곱 가지 방법은 다음과 같다.

1 진심으로 칭찬한다. (본심이 아니라면 칭찬하지 않는다.)

2 '어디가 좋은지'에 대해 구체적으로 칭찬한다.

3 당연한 점이나 평범한 점을 칭찬한다.

4 본인도 깨닫지 못한 부분이나 결점이라고 생각하는 부분을
  칭찬한다.

5 때로는 다른 사람 앞에서 칭찬하거나 본인이 없는 곳에서 칭
  찬한다.

6 성과만이 아니라 과정이나 성장, 노력을 칭찬한다.

7 평소에 다른 사람의 좋은 점을 찾는다.

리더에게는 충고를 해야 할 경우도 생긴다. 따라서 상대가 순
순히 받아들일 수 있도록 충고를 잘하는 일곱 가지 방법을 알아
두기 바란다.

1 일단 이야기를 열심히 듣는다. (상대의 변명도 듣는다.)

2 그 자리에서 강하고 짧고 명쾌하게 말한다.

3 감정적으로 말하지 않는다.

4 충고를 하기 전이나 후에 감사와 위로, 칭찬을 곁들인다.

5 기대를 담은 긍정적인 말로 마무리하여 답답한 분위기를 바꾼다.

6 자존심에 상처를 주지 않는다. (다른 사람 앞이 아니라 일 대 일로 말하고 약점을 들추지 않고 다른 사람과 비교하지 않는다.)

7 엄하게 추궁하여 막다른 골목으로 몰아넣지 않는다. (도망칠 길을 열어준다.)

충고하는 것도 칭찬하기 위한 과정이다. 상대가 달라졌을 때는 얼른 칭찬을 해주자.

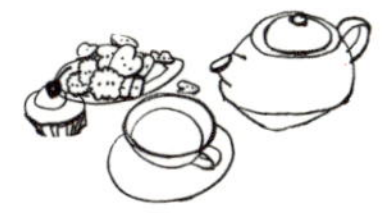

바늘구멍처럼 작은
공통점이라도 파고든다

11

사람은 자신과 처지가 같은 사람, 나이차가 적은 사람, 가치관이 비슷한 사람을 좋아하는 습성이 있다. 공감할 수 있기 때문이다. 자신과 닮은 사람과 함께 있으면 편안하고 대화도 통하고 쓸데없는 스트레스도 생기지 않는다.

하지만 실은 비슷한 타입보다 전혀 다른 타입에게 얻을 수 있는 것이 더욱 많다.

예를 들어 나는 20대 여성에게는 유행하는 패션이나 화장, 사건, 연애를 배운다. 30대의 남성에게는 컴퓨터 조작이나 카메라 정보, 40대 주부에게는 살림이나 육아, 50대 여성에게는 요리나 건강, 60대 이상의 남녀에게는 인생을 배운다.

자신의 생활권은 좁더라도 다양한 친구가 있으면 더 많은 세계를 접할 수 있으니 얼마나 즐거운가! 게다가 다른 사람의 눈에 자신이 어떻게 비치는지도 객관적으로 볼 수 있다. 어떤 일을 하든지 폭넓은 시야를 가져야 한다. 신문이나 잡지, 인터넷에서 얻는 정보보다 살아 숨쉬는 인간에게 얻는 정보가 훨씬 소중하다. **다만 다른 타입의 사람들과 가까워지기 위해서는 작은 공통점이 필요하다.**

예를 들어 회사가 같다거나 취미가 같다거나 목표가 같다거나 고향이 같다거나 하는 바늘구멍과 같은 공통점이라도 파고들어야 한다. 상대도 '이 사람과 친해지고 싶다'라는 생각을 하게 된다면 성공이다. 따라서 먼저 마음을 열고 애정을 쏟아야 한다. 기쁨을 주거나 도움이 되는 정보를 제공하는 것이다.

친구가 얼마나 많은지가 중요한 것이 아니다. 자신을 위해 기꺼이 힘을 빌려주는 귀인이 얼마나 많은지가 중요하다. 대만에서는 '귀인貴人'을 자신을 빛내주는 귀한 사람이라는 의미로 사용한다. 귀인은 신비로운 존재로 일에 열중하고 있으면 마침 알맞은 시기에 마침 알맞은 모습으로 나타난다.

정말 필요할 때 상담을 해주는 멘토도 든든한 존재다. 미처 깨닫지 못한 점을 지적해주거나 주저하고 있을 때 등을 밀어준다. 한 사람의 힘은 크지 않지만 도움을 주는 사람, 지혜를 주는 사람, 정보를 주는 사람이 많아질수록 할 수 있는 일은 무한대로 불어난다.

다른 사람과 가까워지는 능력이야말로 일하는 여성이 갖추어야 하는 최강의 기술이다.

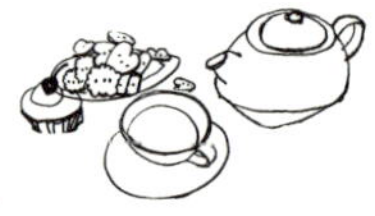

KeyMan

영향력 있는 키맨을 파악한다

세상에는 실력이 뛰어나지 않아도 조직 안에서 좋은 위치에 자리하는 사람이 있다. 또한 회사 밖에서 평판이 좋은 덕분에 "우리 담당자는 ○○ 씨로 부탁합니다"라고 지명을 받는 사람도 있다. 이러한 사람은 대부분 키맨keyman, 즉 열쇠를 쥔 사람이다. 이러한 사람을 확실히 파악하기 바란다.

어느 조직에나 반드시 키맨이 있다. 키맨은 영향력이 크고 상사에게 의견을 피력할 수 있고, 회사 내외에서 높은 평가를 받고, 다른 사람을 이끌어주는 인물이다. 이런 키맨에게 인정을 받으면 일하기가 쉬워지고 마음도 편해지며 기회도 주어진다.

나도 이전에 영업을 하면서 키맨을 찾아내는 후각이 단련되었다. 기업을 상대로 영업을 할 때는 먼저 키맨을 찾아내서 영업을 시작하는 것이 최선이다. 때로는 인맥을 동원하여 키맨을 조사한 적도 있다. 말단 사원부터 차근차근 올라가면서 영업을 하려고 하면 시간과 노력이 많이 들기도 하고 도중에 막혀버리기도 하기 때문이다.

누구를 통할 때 술술 올라갈 수 있는지를 알게 되면 다음은 간단하다. 초점이 빗나가지만 않으면 된다.

**주의할 점은 지위가 높은 사람이
반드시 키맨은 아니라는 것이다.**

사장의 참모나 부인, 사무실의 왕 언니, 경리 담당자가 숨은 실력자인 경우도 있다. 키맨 중에는 의외로 약한 인물도 있다. 주의 깊게 관찰하면 누구나 역학관계를 이해할 수 있다. 그리고 '이용해야지', '부탁해야지'라는 흑심으로 접근하지 않고 솔직하게 다가가야 한다. 때로는 속마음을 있는 그대로 털어놓아도 좋다. 섣부른 계산은 금방 들통이 나고 주위사람에게 약삭빠르다며 경시를 받게 된다.

오직 상대를 높여주고 사이좋게 지내야 한다. 친해지지는 못하더라도 미움은 받지 말아야 한다. 노력하는 모습을 보여주거나 상담을 청하거나 하는 사이에 아군으로 만들 수 있다면 큰 도움이 된다. 또한 파벌과 같은 권력 투쟁이 아니라 실력이나 인품으로 인정받을 수 있다면 역시나 큰 도움이 된다.

키맨은 사생활에서 만나는 경우도 있다. 인생을 바꾸거나 영향을 주는 고마운 존재가 되는 경우도 있다. 이러한 키맨을 찾아내는 후각과 인간관계를 해독하는 기술은 사회를 살아가기 위한 중요한 처세술이다.

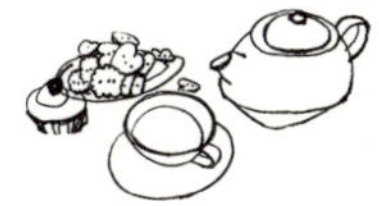

Men's PridE

남자의 자존심을 적절히 이용한다

13

여성이 남성과 사이좋게 공존하는 방법은 많다. 하지만 안타깝게도 '남성은 자신보다 못한 여성을 좋아한다', '여자는 백치미가 있는 편이 유리하다'라고 믿으며 일부러 남성보다 아래라는 점을 내세우는 여성이 많다. 사회적 가치가 높아지거나 남성보다 높은 지위에 오르는 일을 무의식적으로 피하는 경우도 있다.

이를 미국의 여성 심리학자 마티나 호너는 '성공회피(성공공포) 동기'라고 부른다. 항상 1등을 차지하는 여학생의 미래가 어떻게 될 것인가를 주제로 시나리오를 써보라고 했더니 '매력적이지 않아서 결혼할 수 없을 것이다'는 부정적인 이야기를 쓴 여성이

65%, 남성이 10%였다. 항상 1등을 차지하는 학생이 여학생이 아니라 남학생이라면 '매력적이어서 인기가 많다'라는 이야기를 쓰지 않았을까.

유능한 매가 아니라 유능한 여성이 한결같이 발톱을 감추고 있다는 것은 참으로 안타까운 일이다. 백치미를 내세운다는 것은 남성을 높여주는 척하면서 실은 얕보고 있다는 증거다. 게다가 스트레스도 쌓인다. 그러므로 능력을 쑥쑥 키우기 바란다.

**남성을 능숙하게 다룬다는 감탄을
자아내는 여성은 남성의 자존심을 자극하면서도
의욕을 불러일으키는 사람이다.**

유명 백화점의 지하 식품매장 매니저 Y도 그런 사람 중의 한 명이다. 이탈리아인 요리사가 이렇게 일러주었다.

"Y 씨는 '당신이라면 할 수 있어요', 'OO 씨한테 맡기면 안심이에요'라면서 남자를 으쓱하게 만들어요. 여자한테 그런 말을 들으면 안 할 수가 없잖아요. 다들 들떠서 무리를 해서라도 해내더라고요."

기본적으로 남성은 자존심이 세고 경쟁심이 강한 생명체다. '매우 도움이 되는 사람'이라고 존재 가치를 깨우쳐주면 사명감을 가지고 기대에 부응하려고 한다. 우수한 여성에게 부탁을 받거나 우수한 여성에게 도움을 줄 수 있다는 사실에 실로 기뻐한다. 우수한 여성이 자신의 가치를 인정해주는 소중한 존재가 되기 때문이다. 그러므로 업무에 관계된 사람만이 아니라 배우자나 연인도 의지가 되는 훌륭한 남성이라며 소중하게 대하기 바란다. 애정을 가지고 뛰어난 점을 찾는 것이다. 물론 남성을 존경하는 마음은 기본이다.

남성에게 부탁을 할 때는 빙긋이 웃는 얼굴로 필요한 것을 구체적으로 요구하고 결론을 확실하게 전달해야 한다. 논리적 사고 회로를 가진 남성에게는 '말하지 않아도 자신의 마음을 알아 달라'는 투정은 통하지 않는다.

설령 남성이 잘못을 저지르더라도 울컥해서 싸우려고 하면 안 된다. 남성의 투쟁심에 불을 붙이는 격이 되기 십상이다.

RespEct

부하의 자존심은
반드시 지켜준다

14

40대의 젊은 나이에 기업의 사장으로 발탁된 T와 이야기를 했을 때 이 말이 유독 인상에 남았다.

"리더가 할 일은 주위사람이 지닌 가치를 최대한 향상시키는 것입니다."

말 그대로다. 다양한 타입의 리더가 있지만 '나를 따르라'라는 타입의 리더는 인덕과 카리스마가 뛰어나지 않은 이상 사람이 따르지 않는다. 그보다는 부하의 능력을 이끌어내고 방향을 제시해주는 리더에게 사람들이 따른다. 여성 리더의 경우에는 언뜻 후자 타입으로 보이지만 속으로는 '내가 말하는 대로만 하면 돼'라는 거만한 마음을 품고 있는 사람이 많다. 이런 리더에게도 좀처럼 사람이 따르지 않는다.

실은 나 자신도 20대였을 때는 그런 거만한 리더였다. 하지만 다른 사람에게 상처를 주고 나 자신도 고통을 겪고 나서야 깨달은 점이 있다. 사람의 마음은 강요로는 결코 움직일 수 없다는 사실이다. 설령 일시적으로 움직였다고 해도 이러한 수동적인 태도를 강요하면 자발적으로 행동할 수 없는 부하를 만들고 만다.

누구나 알고 있는 〈바람과 태양〉이라는 동화는 매우 중요한 사실을 알려주고 있다. 바람과 태양은 '어느 쪽이 나그네의 외투를 벗길 수 있을지'를 두고 경쟁을 시작한다. 바람은 강한 입김을 뿜어서 나그네의 외투를 날려버리려고 했지만 나그네는 옷이 벗겨지지 않도록 더욱 단단히 외투 자락을 여밀 뿐이었다. 하지만 태양이 포근한 햇볕을 내리쬐자 나그네는 선선히 옷을 벗었다.

내 이야기로 돌아가보자. 나는 결국 상대를 능력 있는 사람으로 인정하기로 했다. 내심 불안하더라도 상대를 신뢰하기로 한 것이다. 인간이 가장 소중히 여기는 자존심을 세워주면 누구든지 스스로 움직인다. 기대하고 맡겨보자. 틀림없이 성장할 것이다. 그리고 부하의 시점에서 '어떻게 하고 싶은지'를 함께 생각하고 목표를 설정해야 한다. 이러한 '동기부여'가 리더의 막중한 임무다. 개인만이 아니라 팀 전체의 의사를 하나로 모으는 동기부여도 필요하다. "이렇게 해라"라고 명령하는 것이 아니라 "이런 방향으로 나아가면 어떨까?"라고 팀 전체의 미래상을 확실히 제시하는 것이다. 팀 전체가 의욕적으로 변하고 팀원이 자발적으로 움직여준다면 리더에게 그보다 더 도움이 되는 일은 없을 것이다.

사람은 자신을 높이 평가해주는 사람이 있으면 그 기대에 부응하기 위해 더욱 분발하는 경향이 있다.

결점이 있는 것은 누구나 마찬가지다. 장점을 인정할 때 서로 신뢰하는 관계가 될 수 있다.

Self-Help

부모로부터
독립한다

15

"부모로부터 독립해야 합니다"라고 말하면 "네? 그건 진즉에 했죠!"라고 화를 내는 사람도 있겠지만 경제적인 문제야 어떻든 간에 부모의 정신적인 속박에서 해방되지 못한 사람은 의외로 많다. 부모와의 관계에 문제가 있다면 이를 해결하기 위해 노력해야 한다.

심리치료사의 말에 따르면 아이는 10세까지 어머니에게 무언의 메시지를 받는다고 한다. 나의 친구는 어머니에게 '조건 없는 사랑은 없다'는 메시지를 받았다고 한다. "말 안 들으면 미워할 거야. 말을 잘 들어야 예뻐하지"라는 잔소리를 되풀이해서 들었던 것이다. 그러므로 친구나 연인이 주는 애정을 순수하게 받아들이지 못하게 되었다. 또 다른 친구는 어머니에게 '여자는 경제력이 있는 남자와 결혼해야 행복해진다'는 말을 늘 들었다고 한다. 결국 그녀는 부잣집 남자와 결혼했다.

어머니의 강한 믿음이 강력한 메시지가 되어 아이를 지배하는 것이다. 특히 딸은 어머니와 동성인 만큼 공감하기도 쉽고 반발하기도 쉽다.

어린 시절에 가장 가까이 있던 부모의 영향이 큰 것은 당연하다. 그리고 부모의 영향을 받는 것은 결코 나쁜 일이 아니다.

다만 30대나 40대가 되어도 부모의 뜻에 휘둘려서 '이렇게 하고 싶다'라는 자신의 의사를 펼치지 못하고 자유롭게 살아갈 수 없다면 괴로울 것이다. 부모와 자식 간의 비뚤어진 관계는 성인이 되어도 아이처럼 대인관계를 제대로 하지 못하는 어덜트 칠드런adult children, 부모의 품속에서 벗어나지 못하는 캥거루족, 우울증 환자, 사회불안장애 환자를 낳는다.

상황에 따라 다르지만 독립하기 위한 최선의 방법은 서로를 객관적으로 보고 일 대 일의 성인으로 인정하며 신뢰관계를 쌓는 것이다. 신뢰관계가 구축되지 않은 사람끼리 함께 있어 봤자 서로 상처를 입힐 뿐이다. 한 사람의 인간으로 인정받기 위해서는 반드시 해야 할 일이 있다.

**부모로부터 독립하여
열심히 살아가는 모습을 보여줘야 한다.**

낳아주고 키워준 부모에게 감사한다. 부모의 장점과 단점을 전부 인정한다. 그리고 '부모에게는 부모의 인생이 있고 자신에게는 자신의 인생이 있다'고 생각한다. 여기까지 했다면 이제 '독립' 완료다.

다만 어려움을 겪을 때는 서로 도와야 한다. 가족이기 때문이다. 부모의 병과 간병에 대한 마음의 준비도 해야 한다. 점점 약해져가는 부모를 받아들일 각오를 하지 않으면 안 되는 것이다.

LoVe

다양한
연애를 즐긴다

매력적인 여성일수록 연애와 결혼에는 불리한 모양이다. 주위를 둘러봐도 외모가 단정하고 경제력이 있는 30대나 40대 여성 중에 유독 미혼이 많다.

배우자를 찾고 있다는 한 여성은 "나를 좋아해주는 사람이라면 누구든지 좋아"라고 겸손하게 말하지만 실제로 소개를 해주면 "약간 신경질적인 거 같아"라든가 "수입이 조금……"이라며 딱지를 놓기 일쑤다.

다들 '자신과 어울리는 사람'을 찾지만 딱 맞는 사람은 찾기가 힘들다.

20대 남성 중에는 아직 미혼이거나 연인이 없는 경우가 많지만 30대나 40대의 매력적인 남성은 대부분 재빨리 상대를 찾아서 시장에서 자취를 감추고 만다.

이러한 어려운 상황에서 '그럭저럭 나랑 맞을 거 같아'라는 느낌이 드는 상대를 찾았더라도 시간이 지날수록 '취미가 맞지 않아', '사고방식이 맞지 않아', '수입이 낮아'라며 감점을 해나가는 경우가 많다. 이러한 비슷한 사람을 찾는 연애는 원하는 상대를 찾는 것도 어렵고 설령 찾았다고 해도 오래가지 않는 방식이다.

처음부터 '이 사람은 나랑 전혀 달라'라는 자세에서 시작하기 바란다. 그리고 '좋은 점이 있지 않을까', '어, 이런 매력이 있었네'라며 가점을 해나간다. 이러한 완전히 다른 사람과 만나는 연애가 좋다.

비슷한 사람이 아닌 다른 성향의 사람과 하는 연애가 더욱 성숙하다.

이러한 연애를 추구하는 사람은 상대에게 바라는 것이 적기 때문에 그만큼 만남의 폭이 넓어진다. 조건이 아니라 좋은 감정만으로 순수하게 사귈 수 있는 것이다. 아무런 관련이 없는 일을 하는 사람, 전혀 다른 가치관을 가지고 있는 사람, 나이차가 많이 나는 사람, 다른 나라에서 온 사람을 사귀면 서로 알지 못하는 부분이 많기 때문에 즐겁고 재미있다. 상대를 따뜻하게 지켜보게 되므로 만남이 오래 지속된다.

정신적으로도 경제적으로도 자립한 여자만이 다른 성향의 사람과 연애를 할 수 있다. 다만 서로 의존하지 않는 탓에 결혼의 필요성도 그다지 느끼지 못하므로 한쪽이라도 강하게 원하지 않는 한 결혼에 이르기 힘들다는 단점이 있다.

연애의 방식도 다채롭고 결혼의 형태도 다채로운 시대다. 자신에게 가장 어울리는 방법을 선택하면 된다.

PerfEct

나는 분명
남들과 다르다

누구든지 '남보다 못하다'고 생각하는 콤플렉스를 가지고 있다.
모두 인간이기 때문이다. 완벽한 사람은 없다.

좋은 부분과 나쁜 부분을
전부 통틀어 자신을 사랑하겠다는 각오를
다져야 한다.

콤플렉스가 아니라 개성, 즉 자기다움이라고 생각하기 바란다.
자신에게도 부족한 점이 있기 때문에 다른 사람을 너그러이 감싸
줄 수 있는 것이다. 주위를 봐도 완벽하지 않은 사람이 더욱 친근
하고 사랑스럽게 느껴진다.

'다른 사람과 친해지고 싶다면 그 사람의 결점이 아니라 장점을 봐야 한다'는 말이 있다. 이와 마찬가지다. 지기 자신과 친해지기 위해서도 자신의 장점을 인정하고 향상시켜야 한다. 일이 잘 풀리지 않거나 실패를 하더라도 '나는 왜 이럴까'라며 자신을 비하할 필요는 없다. '괜찮아. 다음에는 잘할 수 있어'라며 자신을 신뢰하기 바란다. '난 실력이 없어'라고 스스로 낙인을 찍어버리는 것은 자신에 대한 결례다. 실수를 저지르면 '나 자신을 용서할 수 없어'라며 자책하는 사람도 있지만 세상의 모든 사람이 용서해주지 않더라도 자신만은 용서해주기 바란다. 어느 순간에도 자신을 지지하는 최강의 서포터가 되는 것이다.

다만 자신에 대한 신뢰가 지나쳐서 자의식 과잉이 되어서는 안 된다.

세상에서 제일 멋진 옷을 입고 있다고 믿으며 벌거벗은 채로 돌아다니던 '벌거숭이 임금님'이 되지 않도록 조심해야 한다.

자신을 객관적으로 보는 눈은 반드시 갖추어야 한다. 일이 잘 풀리지 않거나 일을 다른 사람보다 못하거나 하면 '무엇이 문제일까?', '저 사람은 어디가 다른 걸까?'라고 철저히 분석해봐야 한다.

다른 사람에게 혼이 나거나 지적을 받거나 하면 자신을 부정당한 느낌이 들어 일순 기분이 상하겠지만 배울 수 있다는 것은 고마운 일이라고 생각해야 한다. 겸허하게 받아들이고 고치면 된다. 눈을 감아버린다면 진보는 없다. 세상에는 알지 못하는 일이나 하지 못하는 일이 여전히 산처럼 쌓여 있다.

다른 사람을 부러워하거나 미워하는 질투도 매우 성가신 감정이다.

질투에서 해방되기 위해서는 현실을 깨끗하게 인정하고 '나는 나고 남은 남'이라는 자세로 다른 사람과 비교하지 않고 자신의 장점을 충분히 인정하는 수밖에 없다.

단순히 한 부분만을 다른 사람과 비교하면서 멋대로 열등감이나 우월감을 만들어내서는 안 된다. 다른 사람의 장점을 순순히 인정하고 다른 사람의 성공이나 행복을 순수하게 기뻐할 수 있다면 합격이다.

합격했다면 이제부터 가슴을 펴고 앞을 향해 걸어가자.

PardoN

눈에 보이는 게 다가 아니다

18

상처를 주는 사람, 혹은 과거에 상처를 준 사람을 생각하면 누구나 '용서할 수 없어!'라며 분을 참지 못할 것이다. 자신을 배신한 사람, 자신을 곤경에 빠뜨린 사람, 무신경한 말을 던진 사람, 호의를 짓밟은 사람을 비롯하여 으름장을 놓는 상사, 험담을 하는 선배, 자신을 무시하는 동료 등 다양한 사람이 있을 것이다. 얼굴을 떠올리는 것만으로 피가 거꾸로 솟을지도 모른다.

**상대를 위해서가 아니라
자기 자신을 위해 모두 용서하자.**

'용서할 수 없어!'라고 분노를 느끼면 자신도 고통스럽다. 만약 원한이나 증오를 오래 품는다면 이중의 고통을 맛보게 된다. '어째서 나란 인간은 이렇게 속이 좁은 걸까'라며 자신마저 원망한다면 삼중의 고통이 된다. 정작 상대는 아무렇지도 않은데 자신만 괴로운 것이다. 이러한 이중, 삼중의 부정적인 에너지가 몸과 마음을 갉아먹도록 내버려두기에는 소중한 시간이 너무 아깝다.

눈에 보이는 것만이 전부가 아니라는 사실도 기억하기 바란다.

예를 들어 부주의한 한마디로 상처를 준 사람이 있다고 해보자. 그 사람은 당시 스트레스가 매우 심했을지도 모르고 악마의 속삭임을 듣고 충동에 휩싸였을지도 모른다. 본래 무심한 말을 툭툭 내뱉는 성격일지도 모른다. 게다가 그 성격이라는 것도 그 사람이 지금까지 살아온 역사를 통해 만들어진 것이다.

현실은 복잡한 원인이 뒤얽혀서 성립된다. 누군가가 부주의한 한마디를 던진 일도 일어나야 했기에 일어난 사건이라고 담담하게 받아들이기 바란다. 과거의 경험이 모여 지금의 자신이 된다. 괴로운 경험도 교훈이 되었다고 생각하면 '모두의 덕분'이라고 감사할 수 있는 경지에 이른다. 피해를 입었다고 생각하면 비참해지기만 할 뿐이다.

그러므로 더 이상 집착할 필요가 없다. 지금 일어나고 있는 일, 혹은 이미 일어난 일은 '그럴 만한 사정이 있었겠지'라고 대범하게 넘기면 된다.

정의나 자존심을 지키는 것보다 마음의 짐을 내려놓고 기분 좋게 살아가는 것이 더욱 중요하다. 화살이 날아오면 잽싸게 피한다. 화살에 찔렸다면 얼른 뽑아서 던져버린다. '용서할 수 없어!'라며 벌컥 화를 내는 것이 아니라 '용서했다! 자, 끝!'이라며 훌훌 털어버리는 것이다.

"용서하는 것은 좋지만 잊어버리는 것은 더욱 좋다"라는 말이 있다. 영원한 행복을 위한 현명한 선택이 아닐까.

에필로그

38세,
시작하기에 가장 좋은 나이다

"이직할 수 있는 나이는 35세까지다"라는 말이 있다.

정말로 35세가 넘으면 이직하기가 어려울까.

결코 그렇지 않다.

본문에서도 언급했듯이 나는 38세의 나이로 비정규직 해고를 선언한 회사를 그만두고 가고시마현에서 도쿄로 올라왔다.

프리랜서 작가가 되었지만 초반에는 일이 별로 들어오지 않은 탓에 여러 직장에서 계약사원으로 일했다. 그때 "우리 사원이 되어주게", "우리 회사에서 전속으로 일하지 않을 텐가"라는 고마운 부탁을 몇 번이나 받았다. 알고 지내는 사람들에게 "함께 회사를 세우지 않을래?”, “해외 지사를 설립하려고 하는데 좀 도와주세요”라는 부탁을 받기도 했다. 안타깝게도 내가 바라던 길이 아니었으므로 정중하게 거절했지만 감사하는 마음만은 지금도 변함이 없다.

이력서를 낸 적이 거의 없지만 여기저기에서 소개를 받아 프리랜서 작가로서도 어느 정도 궤도에 올랐다.

35세를 넘기고 나서는 일이 없어서 고생한 적이 단 한 번도 없다. 자랑을 하는 것이 아니다.

**38세였던 나를 원하는 곳도
얼마든지 있었다는 뜻이다.**

40세를 코앞에 둔, 지방에서 갓 올라온, 젊지도 않고 연줄도 없고 재력도 없고 미인도 아닌, 도대체 내세울 것이 없는 나조차 찾아주는 곳이 있었던 것이다.

나에게 있었던 것은 ‘일하는 사람에게 필요한 기초적인 능력’과 ‘글을 쓰고 사진을 찍는 약간의 기술’, ‘일에 대한 열정’뿐이었다. 매우 당연하고 기본적인 것뿐이지만 이것만 있으면 충분하다. 가슴을 펴고 당당하게 살아갈 수 있다.

이렇게 말하면 “대도시니까 일이 많은 거 아닌가요?”라는 핀잔을 들을지도 모르겠다. 물론 38년이나 살았기 때문에 지방의 어려운 고용사정은 잘 알고 있다.

하지만 나는 대도시가 아니라고 해도 내가 할 수 있는 일이 있을 거라는 자신감이 있었다.

아니, 오히려 대도시가 아니기 때문에 더욱 재미있는 일을 할 수 있을 것이라고 생각한다. 이는 38세까지 쌓아올린 것에서 나오는 자신감이기도 하다.

나이를 먹는다는 것은 일을 하는 사람에게 결코 마이너스가 되지 않는다.

정반대로 커다란 플러스가 된다.

만약 마이너스라고 느끼는 사람이 있다면 그 사람의 믿음이 잘못되었든지 그 사람의 위치가 잘못되었을 것이다.

그저 자신을 원하는 곳에 가서 지금까지 쌓아올린 것을 제공하기만 하면 된다.

**40대 이상의 '일하는 여자'는
그때까지 얼마만큼 능력을 쌓아왔는지에 의해
평가를 받는다.**

그러므로 20대와 30대에 지식과 경험을 가득 쌓기 바란다.

최선을 다해 일에 전념하고 일류를 접하고 다양한 인간관계를 맺고 한 단계 어려운 과제에 도전하고 실컷 고민해봐야 한다. 이러한 노력은 커다란 자산이 된다. 삶의 지혜가 생기고 인간적인 깊이가 더해지는 것이다.

나는 38세가 되었을 때
진짜 재미있는 인생을 시작했다.

'좋아, 이제부터는 마음대로 살 거야. 정말로 하고 싶은 일에 도전해보자.'

38세까지 일을 하는 사람으로서 갖추어야 할 기초적인 능력을 익혀두면 언제부터 시작하든 늦지 않다. 자유롭게 응용할 수 있기 때문이다.

마지막으로 '인생은 자기 자신의 손으로 자기 자신이 생각한 대로 창조할 수 있다'는 사실을 전하고 싶다.

결국 우리는 자신이 머릿속에 그렸던 대로의 인생을 살고 자신이 추구했던 대로의 자신이 된다.

자신 안에 쌓인 '삶의 지혜'를 무기로 삼아 자신이 다다를 수 있는 최고의 인생, 최고의 자신을 만들어내기 바란다.

적당한 선에서 타협하면 안 된다. 적당한 삶이 좋다고 생각하면 적당한 인생밖에 살 수 없다. 최고의 삶을 살고 싶다고 생각하면 최고의 인생을 살 수 있다. 누구든지 자신이 원한 만큼의 인생을 살게 된다.

인생이란 의외로 순조롭게 흘러가는 법이다. 자기 자신을 믿자.

그리고 자기 자신을 '중요한 사람'으로 취급하자.

마지막으로 이 책을 읽어주고 이 책이 태어날 수 있도록 도와준 모든 분들과의 기적과도 같은 인연에 감사의 인사를 드린다.